Girls

Das Ravensburger Mädchenbuch

Ravensburger Buchverlag

Inhalt

Es ist toll, ein Mädchen zu sein,

findest du nicht auch? Schließlich gibt es viele gute Gründe, warum sich Mädchen heute rundum wohl in ihrer Haut fühlen können. Mädchen haben viele Möglichkeiten, ihre Zukunft zu gestalten. Sie können verschiedenen Interessen und Hobbys nachgehen.

Auch die Gefühle nehmen in ihrem Leben einen großen Platz ein. Mädchen können sie, viel stärker als Jungs, in ihrer ganzen Bandbreite ausleben. Sie können im Kino hemmungslos weinen, ihre besten Freundinnen umarmen oder einfach nur

rumalbern und Spaß haben, ohne dass jemand sie schief ansehen würde. Und dadurch gelingt es ihnen so manches Mal besser als ihren männlichen Altersgenossen, mit Kummer und Sorgen umzugehen. Allerdings kann diese natürliche Sensibilität ein wenig aus der Balance geraten, wenn du erwachsen wirst.

Große Veränderungen

Diese Zeitspanne, die Pubertät, stellt dich vor große Herausforderungen. Kein Wunder, denn eine Menge an dir und in dir verändert sich. Und so vieles stürmt auf dich ein: erste Liebe und Schmetterlinge im Bauch, Liebeskummer und Herzschmerz, Eifersucht und Tränen, Zoff und Versöhnung. Du „schlägst" dich mit der Schule herum und machst dir Gedanken über deine Zukunft. Auch das Verhältnis zu deinen Eltern und zu deiner Familie verändert sich.

Abenteuer Pubertät

Auf diesem spannenden Weg zum Erwachsenwerden gewinnst du möglicherweise eine völlig neue Einstellung zu dir selbst, zu deiner Familie, deinen Freundinnen, den Jungs oder der Schule. Du übernimmst immer mehr Verantwortung. Deine Interessen verändern sich und du überlegst, wie du dein Leben gestalten möchtest. Das kannst du dir wie eine Reise vorstellen, deren Ziel noch unbekannt ist. Aufregend, oder? Aber manchmal auch ganz schön schwer. Damit du dieses Abenteuer möglichst gelassen überstehst und trotz mancher Hürde deinen Weg unbeschwert gehen kannst, findest du in diesem Buch viele Tipps und eine Menge Informationen, die dir den Schritt ins Erwachsensein ein wenig erleichtern werden.

Vieles wird anders

Irgendwann ist es da – das Gefühl, dass sich alles um dich herum verändert. Das passiert nicht plötzlich von heute auf morgen, sondern schleicht sich still und leise in deine Gedanken. Du entwickelst neue Interessen, Freunde werden wichtiger und mit deinen Eltern bist du nicht immer einer Meinung. Du suchst bei anderen nach Orientierung und wünschst dir mehr Freiheiten. Ganz klar: Du veränderst dich und bist dabei, die Kindheit hinter dir zu lassen! Das ist eine tolle und spannende Sache, die aber auch anstrengend sein kann.

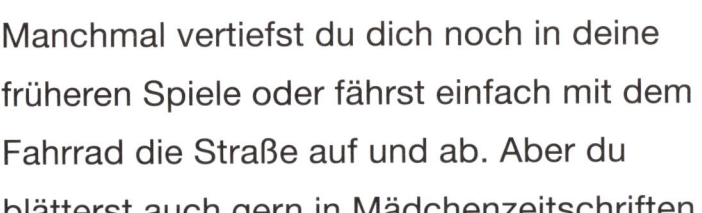

Deine Welt

Manchmal vertiefst du dich noch in deine früheren Spiele oder fährst einfach mit dem Fahrrad die Straße auf und ab. Aber du blätterst auch gern in Mädchenzeitschriften, kannst stundenlang Lidschatten ausprobieren und findest sogar den einen oder anderen Jungen ganz nett. Deine Welt öffnet sich – in viele Richtungen.

Neue Interessen - neue Idole

Kinderkassetten, die du früher so geliebt hast, sind aus deinem Zimmer verschwunden. Dafür hängen heute Poster an der Wand und deine Idole tragen die Namen von Popstars, Schauspielern, Models oder Sportlern. Auch das Verhältnis zu deinen Freunden verändert sich. Möglich, dass dir der Nachbarsjunge jetzt zu kindisch ist und du mit deiner Sandkastenfreundin gar nichts mehr anfangen kannst.

Pubertät - auf unbekannten Wegen

Selbst mit deinen Eltern und Geschwistern gibt es immer öfter Zoff. Du bist schneller gereizt und verstehst dabei manchmal selbst nicht, was in dir vorgeht. Ein bisschen hast du das Gefühl, als würde dir der Boden unter den Füßen weggezogen. Und das ist kein Wunder: Schließlich betrittst du Neuland, denn du bist auf dem Weg zum Erwachsenwerden angelangt.

Ich bin ich - wer bin ich?

Mit Beginn der Pubertät fängst du an, dir Gedanken über dich selbst zu machen. Du überlegst, wie du auf andere wirkst, wie du gerne wärst und wer du eigentlich bist. Du suchst nach deiner eigenen Persönlichkeit und deiner eigenen Meinung. Dabei erkennst du auch, dass es unterschiedliche Menschen, Lebensweisen und Einstellungen gibt. Dir wird klar, dass man sein Leben selbst gestalten kann – und muss. Du nimmst dein Umfeld anders wahr und suchst nach deinem Platz – das gehört zur Pubertät dazu und verläuft selten ohne Konflikte.

Mädchen sind toll ...

Quirlig oder schweigsam, temperamentvoll oder still, ernst, selbstbewusst, eingebildet, vorlaut oder albern – Mädchen können alles sein. Und dabei ist jedes für sich einzigartig. Hör in dich hinein und sei so, wie du dich wohlfühlst. Völlig egal, ob du eher cool oder romantisch bist – die Welt wartet auf dich! Wovon träumst du? Was wünschst du dir? Lass deine Fantasie spielen und versuche dir vorzustellen, wie du später gern leben würdest und wie deine Zukunft aussehen soll. Natürlich passiert das nicht von heute auf morgen. Aber irgendwann wirst du wissen, was dir in deinem Leben besonders wichtig ist.

... und du bist einzigartig

Vielleicht fühlst du dich gut, weil du das Vertrauen deiner Freundinnen spürst. Sie erzählen dir alles, denn du stehst ihnen immer mit Rat und Tat zur Seite. Vielleicht liebst du es auch, im Mittelpunkt zu stehen. Oder du bleibst ganz gern für dich, liest stundenlang und überlässt den anderen Action und Party. Andere Mädchen stecken ihre ganze Freizeit in ihr Hobby. Tanz, Musik, Sport – auch da gibt es jede Menge Möglichkeiten für dich.

»Meine Freundin kennt alle meine Geheimnisse.«

Welcher Typ bist du?

Bist du ein wahres Energiebündel, eher ein ausge-
glichener Typ oder sogar ein bisschen schüchtern?
Beantworte einfach die Fragen im folgenden Test.
Der Mädchentyp, bei dem du mehr als drei von
sechs Antworten mit Ja beantworten kannst, trifft
am ehesten auf dich zu.

>> Hallo, Mara, hier ist Angie!
Hör zu: Wir treffen uns
um 19 Uhr in der Eisdiele,
okay? Und komm nicht
wieder zu spät! Bis später. <<

Michaela, 13

Die Energische

- ☐ Langeweile kennst du nicht, denn du hast immer super Ideen für tolle Unternehmungen.
- ☐ Deine Vorstellungen setzt du meistens durch.
- ☐ Du hast kein Problem, neue Leute anzusprechen.
- ☐ Du brauchst Action. Deshalb bevorzugst du Sportarten wie Handball, Tennis oder Leichtathletik.
- ☐ Du genießt es, wenn du im Mittelpunkt stehst.
- ☐ Wegen der Hartnäckigkeit, mit der du deine Ziele verfolgst, halten dich Fremde manchmal für arrogant.

Du weißt genau, was du willst, hast ein ausgeprägtes Selbstbewusstsein und bist
sehr entscheidungsfreudig. Deine Freunde haben großen Respekt vor deinem
Gerechtigkeitssinn und bewundern dein Durchsetzungsvermögen. Du kämpfst für
deine Ideen und setzt dich für deine Freunde ein. Manchmal fehlt dir dabei allerdings das nötige Feingefühl. Versuche nicht immer mit dem Kopf durch die Wand
zu gehen, denn oft erreicht man seine Ziele leichter auf die sanfte Tour.

Die Ausgeglichene

☐ Bei Streitigkeiten wirst du oft gebeten zu vermitteln.

☐ Deine Ziele erreichst du durch Ruhe und Kontinuierlichkeit.

☐ Unangenehme Dinge schiebst du schon mal vor dir her.

☐ Du bist auch gern mal allein.

☐ Bei Sportarten wie Schwimmen oder Yoga kannst du am besten relaxen.

☐ Bei sanfter Musik kannst du wunderbar vor dich hin träumen.

Auf dich ist immer Verlass und Geheimnisse kann man dir bedenkenlos anvertrauen. Wegen deiner lieben, einfühlsamen Art wirst du von deinen Freunden sehr geschätzt. Du versuchst deinen Kopf nicht um jeden Preis durchzusetzen, sondern schwörst auf Kompromisse. Achte dabei nur darauf, dass deine eigenen Wünsche nicht zu kurz kommen. Allen wirst du es sowieso nie recht machen können.

Die Schüchterne

☐ Über deine Sorgen sprichst du selten und Probleme löst du lieber allein.

☐ Streit gehst du lieber aus dem Weg.

☐ Du bewunderst die Mädchen, die ständig im Mittelpunkt stehen.

☐ Du traust dich selten, deine Meinung zu sagen, ärgerst dich aber darüber.

☐ Sport machst du am liebsten draußen – Fahrradfahren, Joggen oder Inlinern.

☐ Du bist sehr hilfsbereit.

Du lässt lieber die anderen machen und wenn jemand Hilfe oder Rat braucht, bist du zwar da, aber die Leute müssen schon auf dich zugehen. Deine eigenen Bedürfnisse bleiben meistens auf der Strecke. Trau dich ruhig mal aus deinem Schneckenhaus heraus. Wenn sich deine Clique mal langweilt, dann mach du einen Vorschlag. Du wirst überrascht sein, wie viel positives Feedback du bekommst.

Was heißt eigentlich „erwachsen"?

Schritt für Schritt erschließt sich dir die aufregende Welt der Erwachsenen. Tolle Möglichkeiten tun sich auf, voller Überraschungen, neuer Ziele und Herausforderungen. Aber bald wirst du auch an Grenzen stoßen. Älter zu werden heißt zwar, mehr Freiheiten zu haben, aber es heißt nicht, alles zu dürfen. Sicher, du gewinnst mehr Freiräume, aber gleichzeitig werden auch neue Regeln aufgestellt. Vielleicht musst du nicht mehr um acht Uhr ins Bett und deine Eltern lassen dich auch mal allein zu Hause. Aber in dieser Zeit sollst du die Spülmaschine ausräumen, dein Zimmer aufräumen und noch selbstständig Hausaufgaben machen. Das ist eine ganze Menge und muss erst einmal bewältigt werden.

Selbstständig und verantwortungsbewusst

Mit jedem Stück Freiheit und Selbstständigkeit, das du erwirbst, bist du auch stärker für dich und dein Handeln verantwortlich. Erwachsen zu werden heißt auch, an Reife und Urteilsvermögen zu gewinnen und so immer verantwortungsbewusster zu handeln. Mit der Zeit kannst du den Spagat zwischen dem, was von dir erwartet wird, und dem, was du dir selbst wünschst, meistern.

>> Meine Freizeit ist immer total verplant. Meistens verdiene ich mir mit Babysitten ein bisschen etwas dazu. Mit den Kleinen zu spielen, macht mir total Spaß, deshalb weiß ich auch schon genau, was ich einmal werden möchte: Kindergärtnerin ist mein Traumberuf! <<

Lene, 13

Mädchen aus aller Welt

Hast du dich schon einmal gefragt, wie Mädchen deines Alters in anderen Ländern leben? Viele Mädchen haben es sehr schwer und genießen lange nicht die Freiräume, die sich dir bieten. Kinderarbeit im Grundschulalter ist keine Seltenheit. In Nepal, Pakistan und Indien schuften Kinder in Teppichfabriken, in Kambodscha auf Müllhalden. Zur Schule gehen sie nicht. Was können sie von ihrer Zukunft erwarten?

>> In vielen Ländern der Welt ist ein Mädchen auch heute noch weniger wert als ein Junge. <<

Asha, 14

Djenebou ist 13 Jahre alt und lebt in Afrika. Sie muss arbeiten. Ihre Eltern denken, dass sich die Schule für sie nicht lohnt, weil sie nach ihrer Heirat sowieso in der Familie ihres Mannes arbeiten muss.

Die 14-jährige **Asha** kommt aus dem Dorf Villasavalli in Indien. Sie durfte nur zwei Jahre zur Schule gehen. Mittlerweile kümmert sie sich nur noch um die Hausarbeit.

Nélida (zehn Jahre) aus Peru muss arbeiten, weil ihre Familie sonst nicht überleben kann. Sie lebt mit ihrer Mutter und den drei Geschwistern in der Provinzhauptstadt Cajamarca im Norden Perus. Morgens um fünf Uhr geht sie mit ihrem Bruder zum Markt und verkauft dort Bananen und Orangen. Den ganzen Tag steht sie in der glühenden Hitze und bekommt dafür 25 Soles (6 Euro) im Monat.

Eine unbeschwerte Kindheit – oft nur ein Wunschtraum

Selbst in Europa gibt es viele Mädchen, denen es nicht gut geht. Von einer unbeschwerten Kindheit können sie nur träumen. Armut, Gewalt oder sexueller Missbrauch gehören zu ihrem Leben. Bei drogenabhängigen oder alkoholsüchtigen Eltern ist eine behütete Kindheit nicht möglich. Da bleibt kein Raum für die spannende Zeit der Pubertät und Möglichkeiten zur Planung der Zukunft gibt es kaum.

Zu früh erwachsen

Du wünschst dir, möglichst schnell erwachsen und „frei" zu sein – doch viele Mädchen wären gerne noch ein bisschen länger Kind. Jedes Jahr werden Millionen Madchen mit zwölf oder 13 Jahren verheiratet. Diese Kinderehen sind oft der Anfang einer lebenslangen Unterwerfung. Mädchen werden in vielen Kulturen als „wirtschaftliche Belastung" angesehen. Eine Kindheit und Jugend als Zeit zu spielen, zu lernen und eigene Lebenspläne zu finden und umzusetzen, gibt es für sie nicht.

>> Manchmal müssen wir selbst über unsere Zukunfts- träume lachen. <<
Mara, 15

Tipp

Im Buchhandel oder im Internet findest du eine Menge Infos über die Lebensumstände von Mädchen in fremden Ländern und Kulturen. Dabei kannst du dich informieren, wie du dich selbst für Mädchenrechte einsetzen kannst.

www.unicef.de

Unicef ist weltweit im Einsatz, um Kinder vor Ausbeutung und Missbrauch zu schüt-

zen, vor allem in Krisengebieten und Entwicklungsländern.

www.worldvision.de

Kinderpatenschaften, humanitäre und Entwicklungshilfe bestimmen die Arbeit des internationalen Hilfswerkes.

www.amnesty.de

Amnesty International kämpft weltweit ständig für die Menschenrechte.

Du und dein Körper

Die Pubertät ist eine aufregende Zeit. Sie gehört zu den spannendsten Jahren deines Lebens. In dieser Zeit verändert sich dein Körper - du entwickelst dich langsam vom Mädchen zur Frau. Das ist ein Grund, stolz zu sein und deine Weiblichkeit bewusst wahrzunehmen. Wenn du darüber Bescheid weißt, was in der Pubertät mit deinem Körper geschieht, kannst du den Veränderungen entspannt entgegensehen und deinen Körper so annehmen, wie er ist - auch wenn dich manches erst einmal ein wenig unsicher macht.

Im Wandel begriffen ...

Vielleicht vergleichst du dich manchmal mit anderen Mädchen und siehst, wie bei deiner Freundin schon der Busen wächst oder die Hüften breiter werden. Du fragst dich, ob du auch demnächst deine Periode bekommst und alles „normal" verläuft. Mach dir darüber keine Sorgen: Dein Körper hat sein ganz individuelles, „eingebautes" Programm, das deine Entwicklung bestimmt.

Ein Spiel der Hormone

Dein Gehirn gibt den Befehl für die langsame Veränderung deines Körpers. Genauer gesagt macht das die Hirnanhangdrüse. Sie ist sozusagen die Hormonfabrik deines Körpers. Von dort aus werden die Wachstumshormone und die weiblichen Geschlechtshormone, die Östrogene, auf die Reise geschickt. Sie wandern in die Eierstöcke, die dann ebenfalls beginnen Sexualhormone zu bilden. Diese gelangen über das Blut in den ganzen Körper und sorgen dafür, dass du in den nächsten Jahren eine Frau wirst.

Höhen und Tiefen

Deine Entwicklung bringt dich dabei manchmal ziemlich durcheinander. Gelegentliche Unsicherheiten oder Ängste und das Gefühl, den eigenen Körper nicht mehr zu kennen, sind völlig normal. Sie haben damit zu tun, dass sich dein Körper und deine Persönlichkeit nicht im gleichen Tempo entwickeln. Du musst dich erst an dein neues, reiferes Aussehen und deine Weiblichkeit gewöhnen. Manchmal betonst du sie gern und ein anderes Mal versteckst du sie vielleicht unter Schlabberklamotten.

Info

Hormone sind Botenstoffe, die im Körper Nachrichten von einem Ort zum anderen bringen. Sie beeinflussen deinen Körper und deine Gefühle.

Der Hormonkreislauf

Hirnanhangdrüse (Hypophyse)

Eileiter

Eierstock

Gebärmutter

Sanfte Rundungen

Nun beginnen sich die Geschlechtsmerkmale allmählich auszubilden. Dazu gehören bei Mädchen der Busen, die Hüften und die Scheide. Dein Körper verändert sich, damit du später einmal ein Kind empfangen, gebären und mit Muttermilch ernähren kannst. Viele Mädchen fühlen sich nicht wohl dabei, wenn der Busen größer wird. Sie spüren, dass mit den neuen Rundungen auch eine neue Rolle auf sie zukommt. All das, was du später als schön und weiblich betrachten und annehmen wirst, ist dir jetzt vielleicht noch ziemlich fremd.

>> Ich hatte immer Angst, dass ich flach wie ein Brett bleibe. Deshalb konnte ich es gar nicht erwarten, dass mein Busen wächst. <<

Sabrina, 14

Die Hüften nehmen Form an

Je näher du deiner endgültigen Körpergröße kommst, umso weiblicher werden deine Formen. Das kannst du gut an deiner Hüfte bzw. an deinem Becken sehen, das deutlich

Tipp

Der erste BH

- Durch die Wirkung der Hormone ist das Bindegewebe während des Wachstums besonders weich. Du kannst es stützen, indem du einen BH trägst – auch dann, wenn dein Busen klein ist.

- Nimm zum BH-Kauf deine Mutter oder eine Freundin mit. Trag ein eng anliegendes T-Shirt, denn darunter zeichnet sich die Form des BHs ganz gut ab. So könnt ihr am besten beurteilen, ob er gut sitzt. Lasst euch von einer Fachverkäuferin beraten.

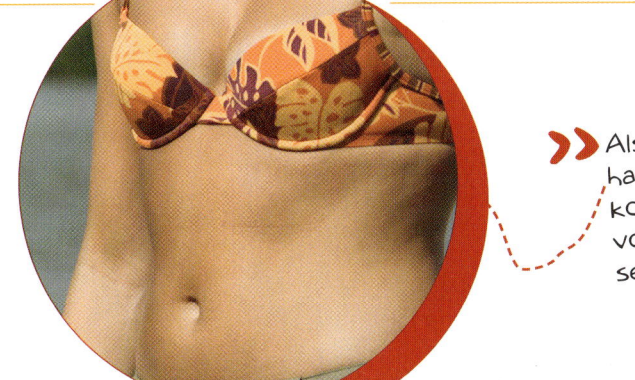

> Als mein Busen größer wurde, haben mich die Jungs immer so komisch angegafft. Mir war das voll peinlich, denn jeder konnte sehen, was mit mir passiert.
>
> *Marie, 13*

breiter wird, damit später ein Baby darin Platz hat. Die Hüften werden runder, weil dort Fettgewebe gebildet wird. Der Körper geht damit auf Nummer sicher, denn die Fettzellen sollen gewährleisten, dass er den höheren Energiebedarf während einer Schwangerschaft ausgleichen kann. Etwas davon bekommen auch Po und Oberschenkel ab.

Wenn der Busen wächst

Bei einigen Mädchen entwickelt sich die Brust schon mit neun Jahren, bei anderen setzt das Wachstum erst mit 13 ein. Das ist bei jedem Mädchen anders. Es kann bis zum 18. Lebensjahr dauern, bis die Brust vollständig entwickelt ist. Vielleicht wachsen die Brüste auch unterschiedlich schnell, dann ist eine Brust vorerst größer als die andere. Das gleicht sich in der Regel aber wieder aus. Die Form des Busens hängt von deinen Erbanlagen ab. Es gibt große und kleine, feste und weiche Brüste.

Bei manchen Mädchen ist die Brustwarze nach innen eingezogen – das nennt man Schlupfwarzen. Bei Kälte, sexueller Erregung oder wenn später mal ein Baby daran saugt, richten sich die Warzen aber nach außen auf.

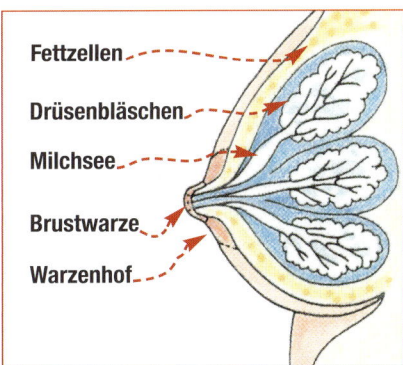

Fettzellen
Drüsenbläschen
Milchsee
Brustwarze
Warzenhof

Was sind die Geschlechtsorgane?

Geschlechtsorgane nennt man die Organe, die der Fortpflanzung dienen. Man unterscheidet zwischen den äußeren und den inneren Geschlechtsorganen. Zu den äußeren, der Vulva, gehören die Schamlippen und die Klitoris. Auch die Brüste werden häufig zu den äußeren Geschlechtsorganen gezählt. Scheide, Gebärmutter, Eierstöcke und Eileiter sind die inneren Geschlechtsorgane.

Genauer betrachtet: die äußeren Geschlechtsorgane

Auf den ersten Blick sieht man nur die großen Schamlippen; darunter verbergen sich die beiden kleinen Schamlippen. Auch sie verändern sich nun und sehen bei jedem Mädchen etwas anders aus. Die inneren Schamlippen können ganz unter den äußeren verschwinden oder herausschauen. Die

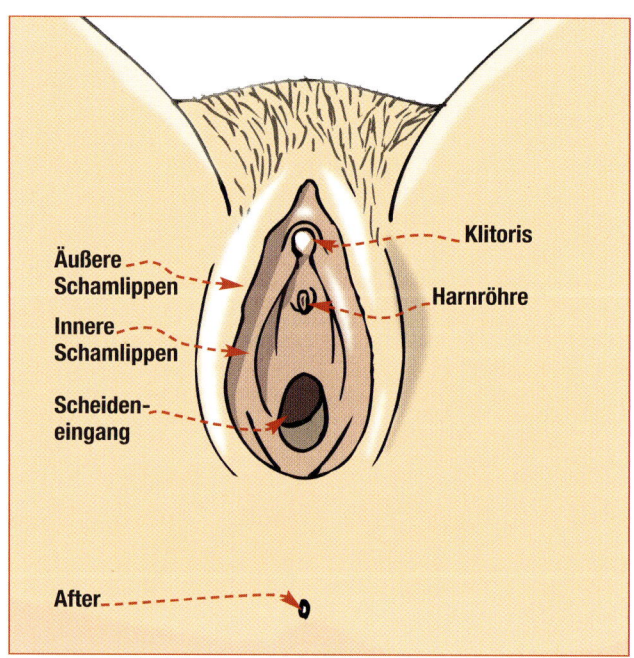

Äußere Schamlippen

Innere Schamlippen

Scheideneingang

After

Klitoris

Harnröhre

Klitoris (auch Kitzler genannt) ist erbsengroß und liegt dort, wo sich die beiden Schamlippen treffen. Wird sie zärtlich gestreichelt, ist das ein schönes, lustvolles Gefühl. Der Körper wird durch diese Liebkosung erregt und dadurch wird die Scheide feucht. So kann der Penis des Mannes beim Geschlechtsverkehr leicht und schmerzfrei in die Scheide eindringen. Hinter der Klitoris, zwischen den beiden kleinen Schamlippen, befindet sich die Öffnung der Harnröhre und dahinter liegt der Eingang der Scheide. Er ist vom Jungfernhäutchen bedeckt. Diese ringförmige Hautfalte ist so flexibel, dass problemlos ein Finger oder ein Mini-Tampon eingeführt werden können. Der Bereich zwischen Scheide und After, dem Darmausgang, wird Damm genannt.

Ein Blick ins Innere

In deinem Körperinneren gibt es wichtige Organe für die Fortpflanzung: die Eierstöcke, den Eileiter, die Gebärmutter (Uterus) und die Scheide (Vagina). Die Scheide verbindet diese inneren Geschlechtsorgane mit den äußeren. Sie ist wie ein dehnbarer Schlauch – vorne am Eingang recht eng und nach innen weiter. Die Scheide führt zum Muttermund, dem Eingang zur Gebärmutter. Die Gebärmutter hat dicke Muskelwände, die einen kleinen Hohlraum umschließen. Sie ist mit einer Schleimhaut ausgekleidet, die sich jeden Monat neu bildet. Bei einer Schwangerschaft nistet sich die befruchtete Eizelle in diese Schleimhaut ein und wächst hier zu einem Baby heran. Wenn das Ei nicht befruchtet wird, wird die oberste Schicht dieser Schleimhaut bei der Periode abgestoßen. Vom oberen Teil der Gebärmutter reichen zwei dünne Schläuche, die Eileiter, zu den Eierstöcken.

Die Spermien eines Jungen wandern beim Geschlechtsverkehr durch die Scheide in die Gebärmutter und von dort in die Eileiter. Treffen sie hier auf ein Ei, kann es befruchtet werden und eine Schwangerschaft beginnt.

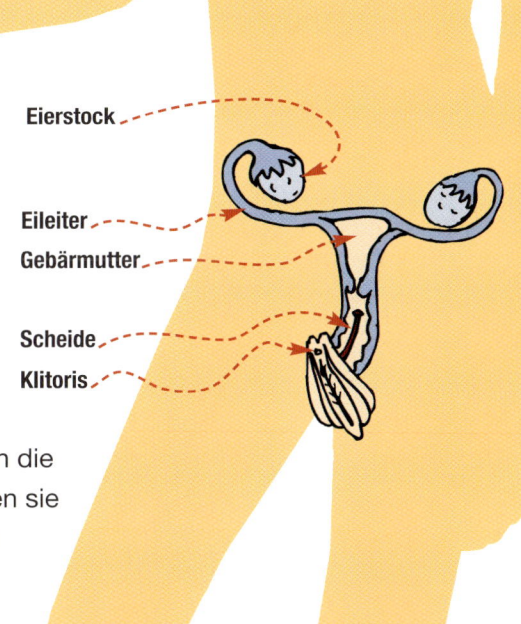

Eierstock

Eileiter

Gebärmutter

Scheide

Klitoris

Wenn die Haare sprießen

Unter dem Einfluss der Geschlechtshormone beginnen etwa mit zwölf Jahren auch die ersten Schamhaare zu wachsen. Sie sind gelockt und fester als die Haare auf dem Kopf. Später fangen die Haare in den Achselhöhlen zu wachsen an. Wie stark die Behaarung ausgeprägt ist, ist genetisch festgelegt und bei jedem Mädchen anders.

Zur gleichen Zeit nehmen die Schweißdrüsen ihre Arbeit auf. Deshalb spielt die Körperhygiene eine immer größere Rolle. Die tägliche Dusche und ein Deo reichen normalerweise aus, um Körpergeruch zu vermeiden.

Fragen & Antworten

Rasieren – ja oder nein?

Es ist eine Frage deines ganz persönlichen Geschmacks, ob dich die Haare unter den Achseln, an den Beinen oder in der Bikinizone stören. Das Rasieren schadet auf jeden Fall nicht.

Welche Enthaarungsmethoden gibt es?

Manche Mädchen nehmen Enthaarungscremes, mit denen lästige Härchen chemisch entfernt werden, andere einen ganz normalen Nassrasierer. Es gibt außerdem Enthaarungswachs, das Körperhärchen entfernt. Welche Methode dir am liebsten ist, musst du austesten. Jede Art der Enthaarung kann allerdings Hautreizungen hervorrufen.

„Schon wieder Bauchschmerzen!"

Wenn die Regel kommt

Periode, Regel, Menstruation oder „Tage" – es gibt verschiedene Bezeichnungen für die monatliche Blutung. Auf jeden Fall ist sie für dich eines der deutlichsten Zeichen, dass du nun zur Frau wirst. Dein Körper produziert jetzt so viele weibliche Hormone, dass in den Eierstocken ein Ei heranreifen kann. Zur selben Zeit wird in der Gebärmutter eine dicke Schleimhaut aufgebaut. Falls es nach dem Eisprung auf seinem Weg durch den Eileiter befruchtet worden ist, kann sich das Ei dann dort einnisten. Findet keine Befruchtung statt, wird die Schleimhaut mit der nächsten Blutung abgestoßen.

Der Zyklus – regelmäßig unregelmäßig

Den Zeitraum vom ersten Tag der Regelblutung bis zum Anfang der nächsten Blutung nennt man Zyklus. Bei einer erwachsenen Frau dauert er ca. vier Wochen. Bei jungen Mädchen ist der Zyklus anfangs noch eher unregelmäßig. Es kann auch sein, dass es in einem Monat zu gar keiner Blutung kommt. Das liegt daran, dass sich der Hormonhaushalt erst noch einpendeln muss. Nach ein paar Jahren wird der Zyklus dann einen regelmäßigen Rhythmus haben. Aber auch später kann die Periode gelegentlich unregelmäßig sein. Das kommt oft daher, dass du in letzter Zeit viel Stress hattest oder krank warst.

Info

Der Name „Menstruation"

kommt vom lateinischen Wort „mensis" (Monat), weil der weibliche Zyklus mit durchschnittlich 28 Tagen einem Mondmonat entspricht. Frauen haben diesen Zyklus, bis zwischen 45 und 55 Jahren die Wechseljahre einsetzen. Eine Frau bekommt in ihrem Leben durchschnittlich 500 Regelblutungen – jedes Mal reift dabei ein Ei heran und sie kann schwanger werden.

Die erste Periode

Die meisten Mädchen sind zwischen neun und 15 Jahre alt, wenn sie zum ersten Mal ihre Tage bekommen. Oft kündigt sich der Zyklus schon ein Jahr vorher mit dem sogenannten Weißfluss an. Das ist ein durchsichtiger und geruchsloser Ausfluss, den du in deinem Slip bemerkst.

So funktioniert der Zyklus

An dem Tag, an dem du deine Regel bekommst, beginnt der Zyklus. Das heißt, die Hypophyse im Gehirn bildet das Hormon FSH, das eine oder mehrere Eizellen in den Eierstöcken zum Wachsen anregt. Um diese Eizelle bildet sich gleichzeitig ein Bläschen, das auch Follikel genannt wird. Er produziert Östrogene, die bewirken, dass sich die Schleimhaut der Gebärmutter verdickt. Dort kann sich dann ein befruchtetes Ei einnisten. In der Zyklusmitte produziert der Follikel sehr viele Östrogene. Genau das ist für das Gehirn das Kommando, der Eizelle das Startsignal zu erteilen. Jetzt schüttet die Hypophyse eine wahre Hormonflut aus – allen voran das Hormon LH. Dadurch platzt der Follikel und die reife Eizelle gelangt ins offene Ende des Eileiters. Nach einer

Info

Feier-Tage!

In vielen Kulturen ist die erste Menstruation ein Grund zum Feiern. In Japan werden Mädchen mit einem großen Familienfest in die Welt der Erwachsenen aufgenommen. Auch in Indien und Sri Lanka wird die erste Regel mit einem traditionellen Ritual gefeiert: Die Mädchen dürfen in Milch baden, werden auf Bananenblätter gebettet und von der ganzen Familie als erwachsene Frau gefeiert. Bekommt ein Mädchen in Korea seine erste Periode, wird ihm zu Ehren ein großes Festmahl gegeben. In Uganda dürfen Mädchen von der Schule zu Hause bleiben und nachmittags eine Party mit ihren Freundinnen feiern. Vielleicht möchtest auch du diesen Tag ein wenig feiern?

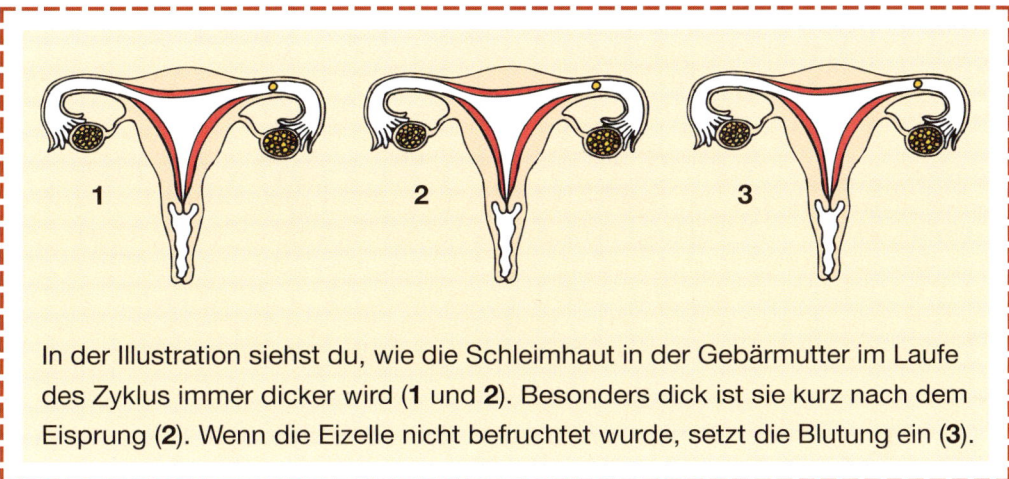

In der Illustration siehst du, wie die Schleimhaut in der Gebärmutter im Laufe des Zyklus immer dicker wird (**1** und **2**). Besonders dick ist sie kurz nach dem Eisprung (**2**). Wenn die Eizelle nicht befruchtet wurde, setzt die Blutung ein (**3**).

etwa sechstägigen Wanderung gelangt sie zur Gebärmutter. Schläfst du in dieser Zeit ohne Verhütung mit einem Jungen, kann sie befruchtet werden. Das befruchtete Ei nistet sich dann in der Gebärmutter ein.

Kommando zurück!

Wenn das Ei unbefruchtet bleibt, hält sich die Gebärmutterschleimhaut unter dem Einfluss von bestimmten Hormonen (Gestagene) „zur Sicherheit" trotzdem noch ein paar Tage bereit. Die Gestagene bildet der Follikel, der nach dem Eisprung leer zurückbleibt. Jetzt wird er als Gelbkörper bezeichnet. Hat jedoch keine Befruchtung stattgefunden, schrumpft er etwa zehn Tage nach dem Eisprung und produziert immer weniger Hormone. Dann weiß die Gebärmutter, dass das vorbereitete „Nest" doch nicht gebraucht wird und stößt die oberste Schicht der Gebärmutterschleimhaut ab. Das ist die Monatsblutung. Sie beginnt etwa zwei Wochen nach dem Eisprung und dauert drei bis fünf Tage. Und damit beginnt schon der nächste Zyklus.

In der Regel gut drauf?

Viele Mädchen sind während ihrer Regel nicht so gut drauf: Die Laune ist im Keller, sie fühlen sich unattraktiv, die Haare machen, was sie wollen, und Pickel haben „Hochkonjunktur". Schuld daran sind die Hormone, die das seelische Gleichgewicht aus dem Lot bringen. Eine Woche, bevor du deine Tage bekommst, fällt der Hormonspiegel stark ab. Das bewirkt, dass du plötzlich sehr sensibel und vielleicht auch niedergeschlagen bist. Was du brauchst, sind seelische Streicheleinheiten. Nimm dir deshalb Zeit für dich, lass es dir gut gehen und mach das, was dir Spaß macht.

>> Wenn ich meine Regel kriege, mach ich es mir gemütlich. Am liebsten kuschle ich mich auf das Sofa vor dem Fernseher und schau mir einen schönen Film an. <<

Clara, 14

Wenn es wehtut ...

Deine Brüste sind empfindlich und spannen oder du leidest an Kopf- oder/und Rückenschmerzen? Das sind häufige „Nebenwirkungen" der Regel. Setzt die Menstruation ein, hat man oft Bauchschmerzen, die vom kleinen Zwicken bis hin zu starken Krämpfen reichen können. Ausgelöst werden diese Regelschmerzen dadurch, dass sich die Gebärmutter immer wieder zusammenzieht, um das Ablösen der Schleimhautschichten zu unterstützen. Entspannende Bäder, eine Wärmflasche oder ein Kirschkernkissen lindern die Beschwerden. Leidest du oft an starken Periodenschmerzen, kann dir der Arzt weiterhelfen.

>> Wenn ich wegen meiner Periode schlecht drauf bin, entspanne ich mich am liebsten in der heißen Badewanne. <<
Alex, 15

Menstruations-Mythen

Bis zur Mitte des vergangenen Jahrhunderts wussten Mädchen sehr wenig über die Periode. Es war tabu, darüber zu sprechen. Die erste Regel kam nicht selten völlig überraschend und führte zu großer Unsicherheit und Ängsten. Außerdem gab es viele „Märchen", über die du heutzutage bestimmt nur schmunzeln kannst. So hieß es etwa, dass Frauen, die ihre Tage haben, keine Sahne schlagen sollten, weil diese sonst sauer würde. Fotografen glaubten, dass die Anwesenheit menstruierender Frauen die Filmentwicklung störe.

Das tut dir gut

Es gibt viele Möglichkeiten, sich während der Tage ein bisschen Entspannung zu gönnen.

Fitness-Tour: Bewegung tut vielen Mädchen gut. Sanftes Ausdauertraining, wie Schwimmen, Joggen, Inlineskaten oder Biken, wirkt gegen leichte Schmerzen.

Traumhaft entspannen: Leg deine Lieblings-CD auf, leg dich mit geschlossenen Augen auf die Couch und träume deine Schmerzen einfach weg.

Natur pur: Naturheilmittel wie Mönchspfeffer oder Johanniskraut helfen Körper und Geist auf die Sprünge. Du bekommst sie in der Apotheke.

Bewusst essen: Die Mineralstoffe Magnesium und Kalzium lindern Unterleibsschmerzen, weil sie muskelentkrampfend wirken. Magnesium ist in Linsen, Nüssen, Soja- und Vollkornprodukten enthalten. Grünes Blattgemüse und Milch enthalten Kalzium.

»Wenn ich entspanne, fühl ich mich gut.«

Wanne-Wonnen!

Bei Regelschmerzen wirkt Wärme wahre Wunder. In der Badewanne lässt es sich außerdem traumhaft entspannen. So geht's: Zwei Esslöffel Mandelöl mit jeweils fünf Tropfen Lavendelöl und Melissenöl gut vermischen. Weil ätherische Öle schnell verfliegen, die Mischung erst in das eingelaufene, etwa 37 Grad warme Badewasser geben.

Ein Entspannungsbad sollte nicht länger als etwa 15 bis 20 Minuten dauern. Sonst wird dein Kreislauf zu sehr strapaziert.

Hygiene muss sein

Während der Regel ist Hygiene besonders wichtig. Wenn Blut zu lang mit Luft in Berührung kommt, zersetzt es sich und kann unangenehm riechen. Sich regelmäßig zu waschen – ein- bis zweimal täglich – ist also unerlässlich. Den Intimbereich reinigst du mit warmem Wasser und einer milden pH-neutralen Waschlotion. In den Hautfalten um die Schamgegend bilden sich natürliche Ablagerungen. Deshalb solltest du die Hautfalten der großen und kleinen Schamlippen besonders sorgfältig waschen. Das Innere der Scheide aber nicht, weil es da „gute" Bakterien gibt, die schädliche abwehren. Bei der Reinigung nach dem Stuhlgang immer von vorn nach hinten wischen – sonst können Darmbakterien in die Scheide gelangen.

Binden oder Tampons?

Ob du lieber Binden oder Tampons verwendest, musst du ausprobieren. Binden solltest du mehrmals am Tag wechseln, um Gerüche zu vermeiden. Ein Tampon nimmt die Flüssigkeit bereits im Körper auf. Wie oft du ihn wechseln musst, hängt von der Stärke deiner Blutung ab. Ist sie stark, kann es sein, dass du ihn alle drei bis sechs Stunden wechseln musst. Um herauszufinden, wann du wechseln musst, kannst du Folgendes versuchen: Ziehe leicht an dem

Rückholbändchen. Gibt der Tampon unter dem vorsichtigen Zug nach und gleitet leicht, heißt das, dass er vollgesogen ist. Bewegt er sich nicht, ist es noch zu früh zum Wechseln. Mit der Zeit bekommst du ein Gefühl dafür.

Das erste Mal beim Frauenarzt

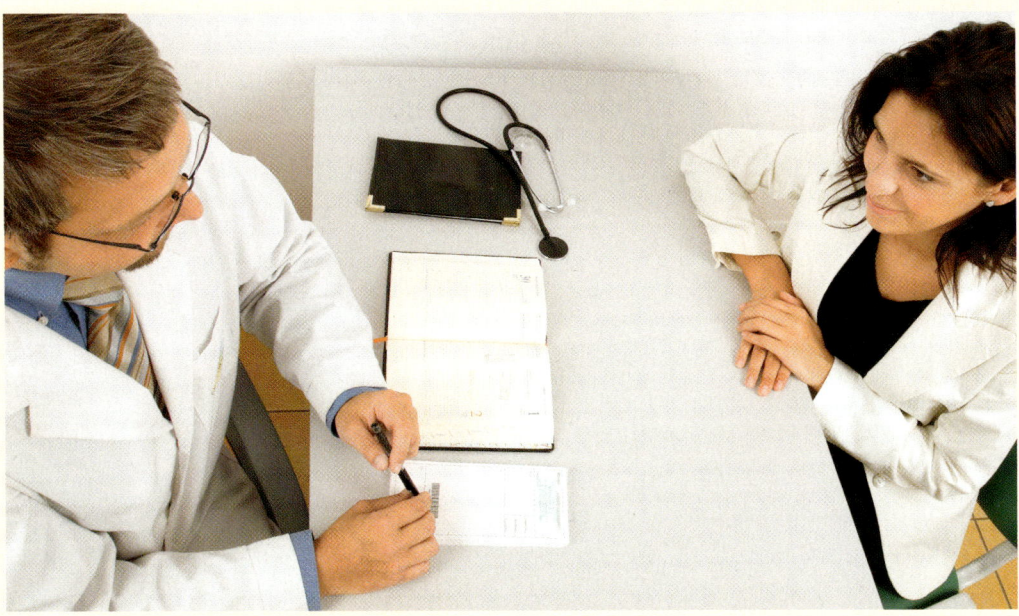

Bei deinem ersten Besuch erklärt dir der Frauenarzt die Untersuchung.

Wenn du keine starken Menstruationsbeschwerden hast, ist es nicht nötig, sofort zum Frauenarzt zu gehen, wenn du deine Tage bekommen hast. Aber spätestens mit der ersten großen Liebe ist es Zeit, einen Gynäkologen aufzusuchen, um sich über eine geeignete Verhütungsmethode zu informieren. Viele Mädchen bevorzugen eine Frau, weil es ihnen leichter fällt, sich von ihr, statt von einem Mann, untersuchen und beraten zu lassen. Hör dich bei Freundinnen oder weiblichen Verwandten nach einem guten Arzt bzw. einer Ärztin um. Viele Arztpraxen bieten Teenagersprechstunden an. Da kannst du in Ruhe und ohne Untersuchung erst einmal Arzt und Praxis kennenlernen.

Das geschieht bei der Untersuchung

Beim ersten Termin findet ein ausführliches Beratungsge-
spräch statt. Der Arzt will von dir wissen, wann deine erste
Regel war, ob sie regelmäßig kommt und ob du Beschwerden hast. Hast du Schmerzen oder noch keine Regel
bekommen, obwohl du 16 bist, wird sich eine Untersuchung
anschließen. In einer Umkleidekabine kannst du dazu Hose
und Slip ausziehen. Manche Mädchen und Frauen ziehen
zum Termin einen Rock, ein Kleid oder ein langes Oberteil
an. Das musst du bei der Untersuchung dann nur noch
hochziehen und du fühlst dich nicht ganz so nackt. Auf
dem gynäkologischen Stuhl kannst du deine Beine links
und rechts abstützen, während der Arzt deine inneren
Geschlechtsorgane per Ultraschall anschaut. Danach unter-
sucht er mit speziellen Instrumenten deine
Scheide und tastet die Geschlechtsorgane
ab.

Alles ganz vertraulich?

Bis zu deinem 14. Lebensjahr muss der
Arzt auf Fragen deiner Eltern Auskunft
geben. Bis zum 16. Lebensjahr kann er
selbst entscheiden, ob er deine Eltern in
bestimmten Situationen informiert, zum
Beispiel wenn eine Erkrankung vorliegt.
Wenn du nicht möchtest, dass deine
Eltern von deinem Frauenarztbesuch
erfahren, dann klärst du das mit dem Arzt
am besten vor der Untersuchung. Ab dem
16. Lebensjahr hast du ein Anrecht auf
absolute Vertraulichkeit. Der Arzt unterliegt
der gesetzlichen Schweigepflicht.

Tipp

Nimm deine beste
Freundin oder deine
Mutter zum Termin
mit. Dann fühlst du
dich nicht so allein.

Gynäkologischer Stuhl

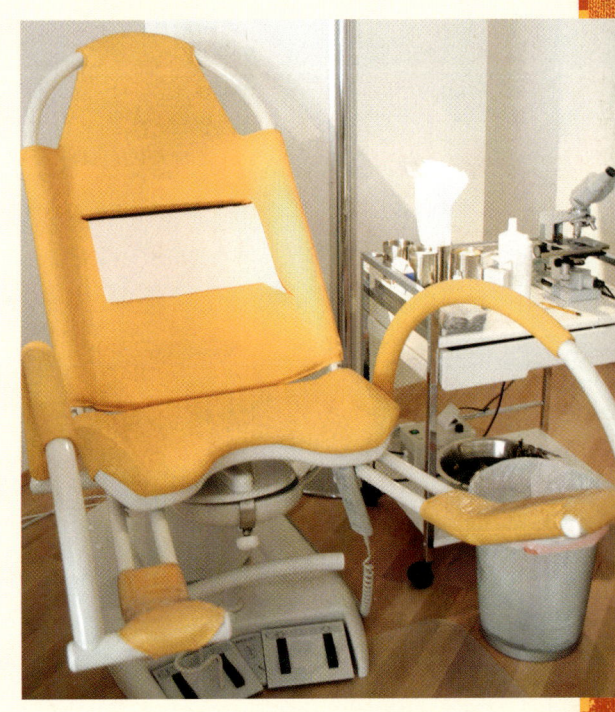

33

Das kleine Körper-ABC

Busen: Häufig werden die weiblichen Brüste auch als Busen bezeichnet. Wenn man es genau nimmt, ist das eigentlich falsch, denn der Busen ist das Stück zwischen den Brüsten.

Chromosomen: So heißen die Bausteine für die Vererbung. Von den Chromosomen hängt es ab, ob ein Kind ein Mädchen oder ein Junge wird, dunkle oder blonde Haare hat, das Mädchen groß oder klein wird usw.

Eichel: Das ist der vorderste und empfindlichste Teil des männlichen Gliedes, der normalerweise von der Vorhaut geschützt wird.

Eierstöcke: Keimdrüsen, in denen die Eizellen gebildet werden

Eileiter: Der Verbindungskanal zwischen den Eierstöcken und der Gebärmutter, durch den die Eizellen während des Zyklus wandern

Eisprung: Während der fruchtbaren Jahre einer Frau reift einmal im Monat eine Eizelle heran. Der Eisprung ist der Moment, in dem sie aus dem Follikel ausgestoßen wird.

Ejakulation: Samenerguss des Mannes

Erektion: Ist ein Junge erregt, wird sein Glied steif, weil es sich mit Blut füllt und dadurch aufrichtet.

Erogene Zonen: Körperstellen, an denen du besonders empfindsam auf Berührungen reagierst

Gebärmutter (Uterus): Birnenförmiges Organ unterhalb des Bauchnabels, in dem während einer Schwangerschaft ein Kind heranwächst

Glied (Penis): Teil der äußeren männlichen Geschlechtsorgane. Durch das Glied wird sowohl Samenflüssigkeit als auch Urin ausgeschieden.

Hoden: Die beiden Hoden sitzen unterhalb des Gliedes im Hodensack. Hier werden die Samenzellen produziert.

Jungfernhäutchen (Hymen): Dehnbare Hautfalte vor dem Scheideneingang. Während des ersten Geschlechtsverkehrs reißt sie meist leicht ein und kann dabei etwas bluten.

Kitzler (Klitoris): Das mit Schwellkörpern versehene Organ ist erbsengroß und sitzt vor dem Scheideneingang, wo die kleinen Schamlippen zusammenstoßen. Es reagiert sehr stark auf Berührung.

Muttermund: Mündung der Gebärmutter in die Scheide

Orgasmus: Höhepunkt der sexuellen Lust

Samenerguss (Ejakulation): Der Samen des Mannes oder Jungen spritzt beim sexuellen Höhepunkt aus der Öffnung an der Eichel.

Scheide (Vagina): Weibliches Geschlechtsorgan. Hinter dem Scheideneingang, der von den äußeren und inneren Schamlippen umschlossen wird, befindet sich die Scheide als etwa acht bis zehn Zentimeter lange, schlauchförmige Verbindung zur Gebärmutter. Aus der Scheide fließen die Scheidenflüssigkeit und das Blut der Periode.

Vulva: So nennt man die großen und kleinen Schamlippen, die Schamspalte und die Klitoris.

Zyklus: Zeitspanne vom ersten Tag der Regelblutung über die Eireifung, den Eisprung bis zur Schleimhautabstoßung aus der Gebärmutter, die die Menstruation einleitet.

Junge, Junge ...

Natürlich kommen auch Jungs in die Pubertät. Den Mädchen gegenüber sind sie aber meist „Spätzünder". Beim „männlichen Geschlecht" setzt die Pubertät durchschnittlich ein bis zwei Jahre später ein. Die Pubertät wird bei den Jungs äußerlich erst einmal mit dem Wachstum der Hoden sichtbar. Kurze Zeit später beginnt auch der Penis zu wachsen und die ersten Schamhaare sprießen. Erst danach beginnt auch der Körper zu wachsen. Etwa im 14. Lebensjahr ist das Körperwachstum auf dem Höhepunkt – Jungs „schießen" in die Höhe, die Schultern werden breiter und Muskeln bauen sich schneller auf. Das Hormon, das die körperliche Entwicklung bei Jungs steuert, heißt Testosteron.

>> Wenn ich mit meinen Kumpels nach dem Sport zum Duschen gehe, komme ich mir immer blöd vor. Obwohl ich genauso alt bin wie meine Freunde, ist mein Glied viel kleiner. Ich habe Angst, dass das so bleibt. <<

Benni, 14

Wenn die Stimme kiekst

Zwischen dem 13. und 15. Lebensjahr zeigt sich bei Jungs der erste Flaum, der den Bartwuchs ankündigt. In dieser Zeit kommen die Jungs auch in den Stimmbruch, der auch Stimmwechsel genannt wird. Dabei wächst der Kehlkopf, die Stimmlippen werden länger, die Stimme wird tiefer. Bis sie allerdings ausgereift männlich klingt, kann sie ab und zu mal „kippen". Das hört sich dann wie ein Kieksen an.

Die männlichen Geschlechtsorgane

Äußerlich sichtbar sind beim Jungen nur der Penis und der Hodensack. Die Hoden liegen außerhalb der Bauchhöhle, weil die ideale Temperatur für die Bildung der Spermien zwei Grad unter der normalen Körpertemperatur liegt. Im Penis liegt die Harnröhre, durch die der Urin fließt und bei einem Samenerguss die Samenflüssigkeit kommt. Die Spitze des Gliedes heißt Eichel. Sie ist sehr empfindlich und wird von der schützenden Vorhaut bedeckt, die mit einem Hautbändchen an der Unterseite der Eichel festgewachsen ist.

Gut geschützt

In den Hoden werden Spermien (Samenzellen) gebildet. Sie reifen im Nebenhoden aus und lagern dort. Beim Samenerguss werden sie über die zwei Samenleiter in die Harnröhre transportiert. Auf diesem Weg vermischen sie sich mit unterschiedlichen Drüsenflüssigkeiten, damit sie nicht austrocknen. Diese Mischung wird Sperma genannt.

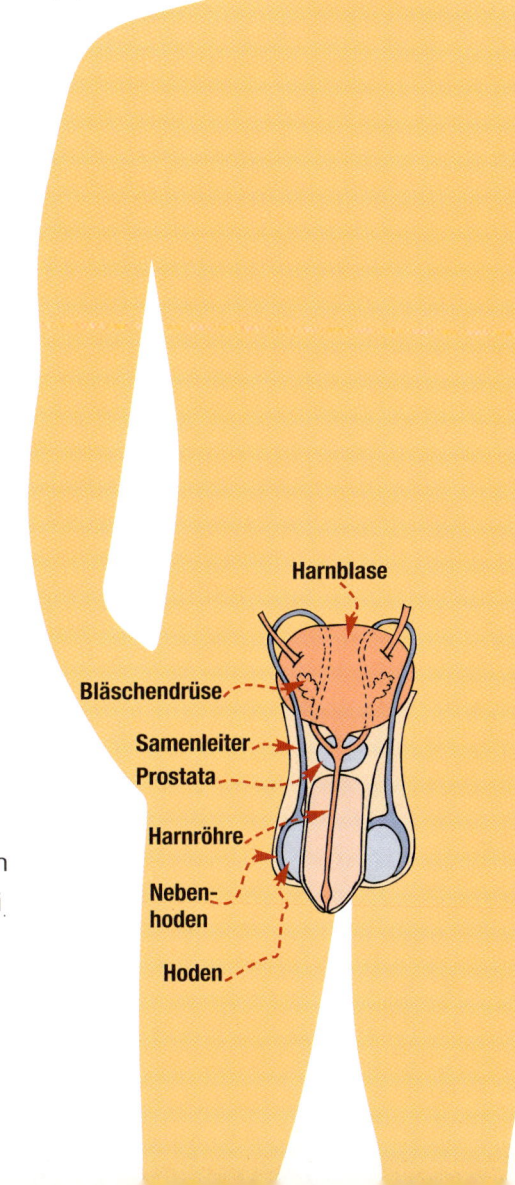

Harnblase

Bläschendrüse

Samenleiter

Prostata

Harnröhre

Neben-
hoden

Hoden

Hormone bestimmen die Entwicklung

Auch bei Jungs werden die Geschlechtshormone in der Hypophyse gebildet. Sie werden ins Blut abgegeben und gelangen so zu den Hoden. Dort gibt es Stellen, wo die Hormone andocken können – die sogenannten Rezeptoren. Hat sich ein Hormon mit dem Rezeptor einer Hodenzelle verbunden, bekommt die Zelle den Auftrag, männliche Hormone zu produzieren. Wenn die Hoden ihre Hormonproduktion starten, verändert sich der Körper sichtbar.

Feuchte Träume

Ungefähr zwischen 14 und 17 haben Jungs ihren ersten Samenerguss (Ejakulation). Meistens passiert das unbemerkt in der Nacht und zeigt sich am nächsten Morgen in Form eines feuchten Flecks auf dem Bettlaken oder in der Schlafanzughose. In der Umgangssprache spricht man von „feuchten Träumen". Da die Entwicklung aber nicht abgeschlossen ist, enthält die erste Samenflüssigkeit nur eine geringe Anzahl von Spermien.

Verrückte Gefühle

Während der Pubertät erleben Jungs genauso wie Mädchen eine gefühlsmäßige Berg-und-Tal-Fahrt. Der Blick in den Spiegel zeigt ihnen auf einmal viele Gesichter. Sie fragen sich, was es heißt, ein „richtiger Mann" zu sein, und sie fürchten, mit ihren Freunden nicht mithalten zu können. Auf der Suche nach ihrer Männlichkeit kann es sogar unter den besten Freunden zu Rangeleien und Streitigkeiten kommen. Jungs glauben, besonders „cool" sein zu müssen. Dazu orientieren sie sich auch an Idolen, die nicht selten von der Leinwand stammen und mit ihrer Muskelkraft protzen.

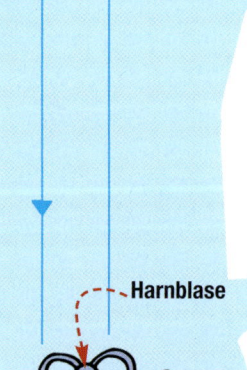

Der Hormonkreislauf

Hirnanhangdrüse (Hypophyse)

Harnblase

Samenleiter

Hoden

Wenn der Körper macht, was er will

Die körperlichen Veränderungen können auch Jungs verunsichern. Die ersten nächtlichen Samenergüsse sind oft mit Scham verbunden. Weil es während der Pubertät zu einer vermehrten Ausschüttung von Geschlechtshormonen kommt, haben Jungs außerdem oft mit ungewollten Erektionen „zu kämpfen". Die Situationen, in denen das Glied steif wird, müssen nicht einmal sexuell begründet sein. Jungs kann das ohne Weiteres auch in der Dusche nach dem Fußballtraining passieren, was ihnen oft extrem peinlich ist. Dieser Vorgang lässt sich nicht steuern.

Jungs und Mädchen ...

Pubertierende Jungs können Mädchen ziemlich auf die Nerven gehen. Wieso bloß? Das hat damit zu tun, dass sie urplötzlich nicht mehr wissen, wie sie mit ihnen umgehen sollen. Also behandeln sie sie stattdessen ruppig und reißen blöde Witze. Dabei wollen sie ihnen damit keineswegs ihren Unmut zeigen, sondern viel eher ihre Beachtung. Sie sehen dich plötzlich mit ganz anderen Augen – als Junge, der ein Mädchen toll findet. Mit dieser Gefühlswandlung sind sie aber erst einmal überfordert.

>> Warum sag ich es ihr nie, dass ich sie wirklich gern mag? <<

Felix, 15

Im Wirrwarr der Gefühle

Nicht nur dein Körper verändert sich innerhalb weniger Jahre, sondern auch deine Seele. Du wirst reifer und kritischer und beginnst, vieles im Leben in einem neuen Licht zu sehen. Dabei wird dir klar, dass es nicht immer nur darum geht, Spaß zu haben, sondern dass man sich manchmal auch sehr anstrengen muss. Du erkennst, dass Menschen unterschiedlich sind, und du suchst auch nach deinem Platz im Leben. Alle diese Erfahrungen verändern dein Gefühls- und Seelenleben. Es braucht Zeit, bis du zu deinem neuen Ich gefunden hast. Es ist völlig normal, wenn die Gefühle dabei manchmal Achterbahn fahren.

Was ist eigentlich los?

Mal fühlst du dich super, dann wieder könntest du nur noch heulen. Die Welt steht Kopf, scheint völlig durcheinander zu sein – und du steckst mittendrin! Unsicherheiten und Stimmungsschwankungen gehören zur Pubertät. Doch wenn du deinen Weg suchst, wirst du zu einer reiferen Persönlichkeit finden.

>> An manchen Tagen bin ich einfach nur schlecht drauf. Ich will niemanden sehen und sitze den ganzen Tag am Computer. <<
Sandy, 13

>> Früher habe ich mich nie geschminkt. Jetzt probiere ich total gern aus. Das macht voll Spaß und dann fühle ich mich richtig gut. <<
Anja, 15

Die Pubertät – eine höchst persönliche Sache

Jeder erlebt die Pubertät anders: Bei manchen Mädchen beginnt sie ziemlich früh, andere sind sogenannte „Spätzünder". Doch „durch" musst du in jedem Fall. Dieser Schritt hin ins Erwachsenenleben bringt zwar viele neue Möglichkeiten mit sich, aber du musst dich auch von etwas anderem verabschieden: von einem Stück kindlicher Unbeschwertheit.

Der Weg und das Ziel

In der Pubertät veränderst du dich und damit auch deine Einstellung zur Welt. Deine Beziehungen zu den Menschen in deiner Umgebung werden anders werden. Keine andere Zeit ist so reich an Herausforderungen und Erlebnissen wie diese. Nur wenn du dich deinen Gefühlen stellst, kommst du weiter auf diesem Weg. Ein Patentrezept, wie du locker durch die Pubertät kommst, gibt es nicht. Sie verläuft für jeden anders. Fast ist sie mit einer Expedition von der Kindheit zum Erwachsensein zu vergleichen. Du weißt nie genau, was dich im nächsten Moment erwartet und was deine Gefühle durcheinanderwirbelt. Am Ende dieser Reise wirst du viele neue Einsichten gewonnen haben und vielleicht schon wissen, was dir im Leben wichtig ist und wohin dein weiterer Weg führen soll. Dann hast du deine individuelle Persönlichkeit gefunden.

>> Ich finde es toll, erwachsen zu werden und zu merken, dass auch Ältere mich ernst nehmen. <<
Anja, 15

Keiner mag mich – von wegen!

Leider ist das Selbstwertgefühl während der Pubertät oft ziemlich angeknackst. Viele Teenies sind deshalb in dieser Zeit besonders empfindlich und sensibel. Vielleicht fühlst du dich auch schnell angegriffen und hast manchmal sogar das Gefühl, dass andere über dich lästern. Blöde Sprüche, von anderen gedankenlos dahergesagt – „Wie läufst du denn rum!" –, sind dann wie Nadelstiche, die dein schwaches Selbstbewusstsein völlig ins Wanken bringen. Du wirst innerlich immer kleiner und denkst womöglich, die anderen hätten recht. Doch das stimmt nicht.

Nobody is perfect!

Segelohren, kurze Beine, kleiner Busen ...
Die meisten Menschen meinen, irgendeinen Makel zu haben, zu dick, unsportlich, nicht

> Heute war ein besonders schlimmer Tag. Im Schwimmbad war Leo, den ich echt cool finde. Er war so gemein. Er nannte mich „fett" und alle haben es gehört. Warum mag er mich nicht? Was soll ich tun ...
>
> *Sophie, 13*

Ich bin okay!

Sich zu mögen und zu sich selbst zu stehen, kann man lernen. Versuch's:

1. Schreibe auf ein Blatt, was du an dir nicht magst (Figur usw.).
2. Viele dieser Punkte lassen sich garantiert ändern (Ich tu was für meine Figur, ich lass mir eine Trendfrisur machen usw.).
3. Probleme, die du lösen oder teilweise in den Griff bekommen kannst, streichst du aus deiner Liste.
4. Nimm noch ein Blatt und schreibe deine Vorzüge auf (Ich bin hilfsbereit, ich habe schöne Augen, ich bin super in Englisch usw.).
5. Jetzt legst du beide Blätter nebeneinander und vergleichst deine Stärken mit den verbliebenen Schwächen. Wetten, dass da jede Menge Positives an den Tag kommt?

lässig genug zu sein. Manche überspielen das durch eine besonders coole Haltung, andere sind unsicher oder ziehen sich komplett in ihr Schneckenhaus zurück. Doch damit kommt niemand weiter. Nimm dich selbst an – das ist die Lösung. Und es ist gar nicht so schwer. Denn jeder hat auch Stärken. Frag doch mal deine Freundin, was sie gut an dir findet!

>> Eigentlich finde ich mich ganz okay – ich glaube, meine Freunde auch. <<
Meike, 14

Mit Humor durchs Leben

Jeder tritt mal in ein Fettnäpfchen. Wenn andere dann über dich lachen, sei nicht beleidigt, sondern nimm's locker und nicht persönlich. Wenn du dich über deine eigene Panne amüsieren kannst, zeigst du Humor. Mit ein bisschen Selbstironie nimmst du anderen nicht nur den Wind aus den Segeln, sondern machst es dir selbst auch leichter. Denn Menschen, die sich selbst unheimlich wichtig nehmen, stehen bald im Abseits!

Info

Wenn sich Menschen begegnen, entscheidet sich bereits in den ersten drei Sekunden, ob sie einander sympathisch sind. Denn wir nehmen im Bruchteil einer Sekunde eine Vielzahl von Signalen wahr, die andere aussenden – das ist, was wir Ausstrahlung nennen. Diese Signale bestimmen, ob dich andere nett, langweilig, doof oder okay finden. Und wenn du dich selbst leiden kannst, strahlst du das natürlich auch nach außen.

Wie selbstbewusst bist du?

Bist du selbstbewusst oder eher unsicher? Mit diesem Test kannst du es herausfinden. Beantworte die Fragen und zähle am Ende, welchen Buchstaben du am häufigsten angekreuzt hast.

1. Du musst ein Referat vor der Klasse halten. Wie gehst du die Aufgabe an?
A Das krieg ich locker hin.
B Ein bisschen Angst habe ich, aber ich werde es schon schaffen.
C Das kann ich nicht.

2. Der coolste Junge der Klasse sieht dich immer an. Was geht in dir vor?
A Er mag mich bestimmt.
B Meint er es ernst?
C Der will mich nur hochnehmen.

3. Deine Clique streitet sich mit einem Mädchen/Jungen. Du sollst ihr/ihm sagen, dass alle sauer auf sie/ihn sind. Tust du es?
A Klar mache ich das.

B Nach langem Überlegen mache ich's dann doch.
C Auf keinen Fall, sonst ist sie/er noch sauer auf mich.

4. Wenn du deinem Traumjungen begegnest, sprichst du ihn an?
A Ich würde es versuchen.
B Nein, das ist mir peinlich.
C Er spricht mich bestimmt zuerst an.

5. Was denkst du über dich, wenn du in den Spiegel schaust?
A Ich finde, ich sehe ganz gut aus.
B Na ja, mittelmäßig.
C Ich finde mich hässlich.

6. Glaubst du, dass dein Schwarm in dich verliebt ist?
A Bestimmt, ich bin ja mit ihm zusammen.
B Manchmal glaube ich schon, dass er mich mag.
C Nein, das kann ich mir nicht vorstellen.

7. Erzählst du gern Witze in Gesellschaft?

A Ich bin eine super Witzeerzählerin.

B Eher selten.

C Nein, ich höre sie lieber von anderen.

8. Jemand will dich für Modeaufnahmen engagieren – nimmst du an?

A Ja, natürlich – bei meinem Aussehen!

B Das ist wirklich toll, ich weiß aber nicht, ob ich es machen soll.

C Wieso sollten die ausgerechnet mich für Fotos wollen?

9. Du sollst eine Party organisieren – traust du dir das zu?

A Super, das wird die beste Party des Jahres.

B Mithilfe der anderen schaffe ich es schon.

C Das kann ich nicht.

10. Wie schätzt du selbst dein Selbstbewusstsein ein?

A Klar bin ich selbstbewusst.

B Ich weiß nicht.

C Ich glaube eher schlecht.

Vorwiegend A

An Selbstbewusstsein mangelt es dir nicht! Auch wenn du ab und zu mal danebenliegst, verlierst du nicht den Glauben an dich. Achte darauf, auch mal Kritik anzunehmen. Deine Freunde wissen dich zu schätzen, aber lass dir ruhig auch mal was sagen.

Vorwiegend B

Du bist auf dem besten Weg zu mehr Selbstbewusstsein, auch wenn du in manchen Dingen noch etwas unsicher bist. Stell dich immer öfter auch unangenehmen Situationen. Selbst wenn die Dinge mal anders kommen, als du es dir wünschst, hält das Leben immer wieder neue Chancen bereit. Das hast du schon erkannt!

Vorwiegend C

Selbstbewusstsein ist ein Fremdwort für dich. Dabei hast du es gar nicht nötig, dein Licht unter den Scheffel zu stellen. Trau dir mehr zu. Angst hat jeder – sie im Griff zu haben, ist die Kunst. Es geht nur Schritt für Schritt. Selbstwertgefühl erwirbst du, wenn du aus dir herausgehst und etwas wagst.

> Gestern habe ich in meiner Clique das erste Mal meine Meinung laut gesagt. Das hat mich ganz schön Überwindung gekostet. Erst waren alle still und haben erstaunt geguckt und dann haben sie total gut reagiert. «
>
> *Carla, 14*

Steh zu dir!

Selbstbewusste Menschen haben es leichter. Sie kennen ihre Stärken, akzeptieren ihre Schwächen und haben den Mut, sich Herausforderungen zu stellen. Dabei ist es egal, ob es um Ärger mit den Eltern, Stress in der Schule oder alltägliche Situationen geht. Eine gesunde Portion Selbstsicherheit ist der Schlüssel zur Lösung vieler Probleme. Selbstbewusst zu sein kann man üben.

1. Sag, was du meinst

Keiner nimmt dir deine Entscheidungen ab oder erahnt deine Wünsche. Wer das glaubt, bekommt kaum, was er will. Du musst selbst deutlich äußern, was du möchtest.

2. Teste deine Grenzen

Du hast Angst, aus dir herauszugehen oder etwas anzupacken? Angst schützt dich davor, Risiken einzugehen. Doch übertriebene Angst kann verhindern, dass du deine Möglichkeiten nutzt. Trau dich darum jeden Tag ein bisschen mehr als bisher. Du wirst sehen, dass du viel mehr kannst, als du dachtest.

3. Nutze deine Chancen

Das Leben besteht aus vielen kleinen einmaligen Augenblicken. Jeder Moment entscheidet mit, was im nächsten passiert. Mit jeder dieser Entscheidungen gestaltest du deine Zukunft. Ein Beispiel? Auf einer Party siehst du deinen Traumjungen. Du würdest ihn am liebsten fragen, ob er mit dir tanzt? Dann tu es! Diese Gelegenheit kommt vielleicht nie wieder.

Warum finden dich alle so toll?

Kathi ist 15 und ein fröhliches, aufgeschlossenes Mädchen. Sie ist sehr beliebt und hat viele Freunde, mit denen sie ihre Freizeit verbringt. Da sind zum einen ihre Mitschüler, mit denen sie sich gut versteht, und zum anderen ihre Clique. Wir haben Kathi einen Tag lang begleitet. Sie scheint ständig im Mittelpunkt zu stehen, ohne sich großartig hervorzutun. Wir wollten wissen, warum sie bei anderen so gut ankommt.

Frage: Du scheinst sehr beliebt zu sein. Warum, glaubst du, ist das so?

Kathi: Ich weiß es auch nicht so genau. Irgendwie bekomme ich schnell Kontakt zu den Leuten, dabei tue ich nichts dafür. Ich bin einfach nur so, wie ich bin.

Frage: Was finden deine Freunde gut an dir?

Kathi: Ich glaube, sie finden es gut, dass ich sage, was ich denke, aber eigentlich nie über andere lästere. Ich mag die Leute in meiner Clique alle gleich gern.

Da ist keiner, den ich bevorzuge. Wahrscheinlich kommt das gut an. Außerdem bin ich meistens gut gelaunt.

Frage: Hattest du schon mal Ärger mit deinen Freunden?

Kathi: Ja, sicher. Krach gibt's überall mal. Aber wenn sich die erste Wut gelegt hat, haben wir uns immer ausgesprochen und wieder versöhnt.

Frage: Hast du auch Macken?

Kathi: Oje, da gibt's bestimmt eine Menge. Meine Freunde können sicher mehr dazu sagen, denn einem selbst ist das ja meist gar nicht so bewusst. Ich komme zum Beispiel dauernd zu spät. Ich schaffe es einfach nicht, pünktlich zu sein. Und manchmal gibt's schon Ärger, wenn alle auf mich warten müssen.

49

So alone – einsam und allein

Manchmal ist das Leben wirklich ungerecht: An jeder Ecke siehst du glückliche Pärchen, viele deiner Bekannten haben Freunde, mit denen sie sich regelmäßig treffen, weggehen und Spaß haben. Nur du gehst scheinbar wieder mal allein nach Hause. Klar, dass du dich dann einsam fühlst. Vielleicht denkst du sogar, du wärst der einzige Mensch auf der Welt, dem es so geht?

Warum finde ich keine richtigen Freunde?

Hast du manchmal den Eindruck, dass du keine richtigen Freunde hast? Man sagt „Hallo", redet kurz miteinander und das war's. Freundschaften sind das eigentlich nicht. Und du denkst vielleicht sogar, dass es daran liegt, dass dich keiner leiden kann. Das ist bestimmt nicht so. Vielleicht geht es anderen genauso und es traut sich einfach keiner, den ersten Schritt zu machen. Viele Jugendliche haben Schwierigkeiten, auf andere zuzugehen. Wenn du dich abkapselst und in dein Schneckenhaus

>> Ich war schon ganz verzweifelt, weil ich einfach keine Clique hatte. Meine Kusine ist drei Jahre älter als ich und hat mir dann gesagt, dass es einfach Zeiten gibt, in denen man niemanden hat. Sie hat mir Tipps gegeben, was ich auch allein unternehmen kann. Ich hab's ausprobiert und dabei sogar neue Freunde gefunden. <<

Lisa, 15

zurückziehst, strahlst du Unnahbarkeit aus. Dann trauen sich andere erst recht nicht, dich anzusprechen. Wer schüchtern ist, wird von anderen manchmal sogar für arrogant gehalten.

Unternimm was ...

Wenn du es satt hast, allein zu sein, dann musst du selbst etwas dagegen tun. Es wird kaum jemand an deine Tür klopfen. Besser ist es, dahin zu gehen, wo sich Leute treffen und etwas gemeinsam unternehmen. Überlege dir, was du gern tust, welche Hobbys du hast. Freizeitangebote gibt es genügend: Das kann ein Tanzkurs sein, ein Jugendzentrum oder ein Sportverein. Es ist wirklich nicht so schwer, Kontakte zu knüpfen – du musst nur aktiv werden und aufgeschlossen sein. Sei einfach du selbst! Auch in deiner Klasse kannst du auf die Mädchen oder Jungs zugehen, die dir sympathisch sind. Freundschaften fangen immer mit solchen ersten Kontakten an.

..., aber bleib locker

Aber eines solltest du dabei nicht vergessen: Freundschaften lassen sich nicht erzwingen. Manchmal klappt es einfach nicht. Dann ist es am besten, sich erst einmal von der Vorstellung, unbedingt eine Freundin oder einen Freund finden zu müssen, zu lösen! Wenn du dich ständig an diesen Gedanken klammerst, wird es kaum klappen. Dann reagierst du sicher nicht ungezwungen, wenn sich die Gelegenheit bietet, jemanden kennenzulernen. Wer locker ist, wirkt viel selbstbewusster. Und plötzlich kommen dann andere auf dich zu. Und übrigens: Das gilt für einen möglichen „Boyfriend" ebenso wie für neue Freundinnen oder gute Kumpels.

Tipp

Aktiv werden

Theaterspielen ist eine gute Möglichkeit, interessante Leute kennenzulernen und etwas für das eigene Selbstbewusstsein zu tun. Informiere dich, ob es an deiner Schule eine Theater-AG gibt oder schlage es deinen Lehrern vor. **Und noch ein Tipp:** Vielleicht engagierst du dich in einer Jugendgruppe. Das ist eine ganz besondere Art, neue Beziehungen einzugehen und dabei Aufgaben, an denen du wächst, zu übernehmen.

Auch allein kann man Spaß haben!

Freundschaften sind super – ohne Frage. Doch manchmal findet man einfach nicht die richtigen Leute. Es kann auch sein, dass dich Freunde, mit denen du dich lange Zeit prima verstanden hast, plötzlich nerven und du dich selbst ein bisschen zurückziehst. Das hat viel damit zu tun, dass du dich weiterentwickelst. So oder so – gelegentliches Alleinsein ist eine ganz wichtige Erfahrung. Man braucht auch mal Zeit für sich und für seine eigenen Bedürfnisse. Außerdem kann man unwahrscheinlich viel über sich selbst erfahren, wenn man einfach mal seinen Gedanken und Träumen nachhängt, sie in ein Tagebuch aufschreibt, Pläne schmiedet oder kreativ wird.

»Auch allein fühl ich mich wohl!«

»Wenn ich allein bin, kann ich mich voll auf mich konzentrieren. Ich bin viel mit meinen Freunden unterwegs und genieße die Zeit, in der ich mal in Ruhe nachdenken kann.«
Anna, 16

Tipp

Fünf Dinge, die du gut allein machen kannst:

- dir einen Wellnesstag gönnen
- ein spannendes Buch lesen
- den Film angucken, bei dem jedes Mal wieder die Tränen fließen
- im Internet surfen
- Musik hören und träumen

Warum bin ich so schüchtern?

Stottern, rot anlaufen oder sich am liebsten gleich in Luft auflösen? Kennst du das, wenn man in bestimmten Situationen eine panische Angst hat und sich am liebsten in sein Schneckenhaus zurückziehen würde? Genauso geht es Maren:

» Hallo, ich weiß gar nicht so recht, wie ich anfangen soll. Ich bin Maren und das erste Mal in einem Forum. Ich bin 14 und voll schüchtern. Wegen jeder Kleinigkeit laufe ich knallrot an und kriege Schwitzhände. Wenn ich zum Beispiel ein Referat vor der Klasse halten muss, gerate ich Tage vorher schon richtig in Panik und kann nicht schlafen. Auch wenn mich jemand anspricht – vor allem Jungs – werde ich nervös und fange an zu stottern. Deshalb habe ich auch kaum Freunde. Geht es jemandem genauso wie mir? «

» Hallo Maren, ich bin Nelly und 15 Jahre alt. Ich kann dich gut verstehen, denn mir geht es ganz ähnlich wie dir. Ich bin schon länger in diesem Forum und habe schon viele Leute kennengelernt, die auch so schüchtern sind. Und es tut gut, dass man nicht allein damit ist und man sich so auch mal aussprechen kann. Das hat mir schon viel geholfen, denn der eine oder andere gute Tipp war auch schon dabei, zum Beispiel sich jeden Tag einer neuen Situation zu stellen. Das probiere ich jetzt aus. Auf jeden Fall bleiben wir in Kontakt. Bis dann. «

Info

Mangelndes Selbstbewusstsein

Tipps zur Stärkung des Selbstbewusstseins findest du auf Seite 48. Wenn du das Gefühl hast, nicht allein klarzukommen, kann dir ein Psychologe weiterhelfen.

53

Bin ich schwierig oder meine Eltern?

Jahrelang waren deine Eltern für dich da, sie haben auf dich aufgepasst, dir vieles beigebracht und auch eine Menge Spaß mit dir gehabt. Du warst und bist der allerwichtigste Mensch in ihrem Leben. Doch nun entfernst du dich innerlich von ihnen. Deine eigene Welt wird viel größer, du setzt andere Prioritäten und deine Freunde sind oft wichtiger als die Familie. Und wenn du zu Hause deine Meinung sagst und eigene Entscheidungen triffst, kommt es immer wieder zu Streit.

>> Bei uns ging es monatelang ziemlich heftig zu. Jetzt können wir wenigstens wieder normal miteinander reden. <<

Tina, 14

Lasst mich bitte in Ruhe!

Vielleicht nervt dich die Fürsorge deiner Eltern. Immer sagen sie dir, was du zu tun hast: aufräumen, die Hausaufgaben machen, im Haushalt mithelfen. Und auf Bemerkungen wie „Zieh dich warm an", „Komm nicht so spät nach Hause" usw. reagierst du regelrecht allergisch.

Gemischte Gefühle

Vergiss dabei nicht, dass deine Eltern durchaus stolz auf dich und deine wachsende Selbstständigkeit sind – aber sie macht ihnen auch ein bisschen Angst. Sie wissen nicht, wie weit sie dich (ohne Gefahr) schon loslassen dürfen. Auch in dir herrscht ein Gefühlswirrwarr: Einerseits möchtest du eigene Wege gehen, andererseits willst du die Geborgenheit der Familie nicht verlieren.

> Klar, geht es auch bei uns nicht ohne Ärger, aber wir versuchen immer, im Gespräch zu bleiben.
> *Svenja, 15*

Miteinander reden

Vielen Problemen kann man vorbeugen, indem man in Ruhe miteinander redet. Überlege dir vorher deine Argumente und gehe auch Kompromisse ein. Du machst deinen Standpunkt klar, aber auch deine Eltern haben die Möglichkeit, ihre Bedenken zu erklären.

Vertrauen aufbauen

Beweise deinen Eltern, dass auf dich Verlass ist, du dich an Vereinbarungen hältst und vernünftige Ansichten hast. Dann werden sie auch ein Einsehen haben und dir Schritt für Schritt mehr Freiheiten zugestehen.

Pubertätsdepressionen –
Ich pack das nicht!

Linda sitzt in ihrem Zimmer und starrt aus dem Fenster.
Wie so oft fühlt sie diese furchtbare Leere und unsägliche
Traurigkeit. Ihr Lieblingssong läuft ohne Unterlass, Tränen
kullern über ihre Wangen. „In diesen Momenten träume ich
mich einfach weg aus meinem bescheuerten Leben", sagt
sie mit tränenerstickter Stimme. Dabei geht es Linda gar
nicht schlecht. Sie hat nette Eltern, viele Freunde und in
der Schule läuft es auch ganz prima. Was ist
nur mit ihr los?

Die leidige Pubertät

Linda ist nicht allein mit ihrem
Problem. Jeder fünfte Jugendliche
im Alter zwischen zwölf und 18
Jahren leidet an dieser hormonell
bedingten Stimmungslabilität, die
Launen unkontrollierbar macht
und alle Facetten der Gefühle
auslöst. Mädchen leiden in der
Pubertät mehr als Jungs, denn
gerade sie setzen sich stark
unter Druck: Sehe ich gut aus?
Wie komme ich bei Jungs an?
Kann ich das wirklich? Die
Unsicherheit ist sehr groß.

**Viele Jugendliche
leiden unter
Stimmungs-
schwankungen.**

Depression hat viele Gesichter

Minderwertigkeitsgefühle, Selbstzweifel, Wut- und Heulausbrüche bis hin zu Selbstmordfantasien – so verschieden können sich Depressionen äußern. „Es war vor einem Jahr", erinnert sich die heute 16-jährige Linda. „Da hatte ich immer wieder Selbstmordgedanken." Diese Todessehnsucht hat sie ihrer besten Freundin Anna, 15 Jahre, erzählt. „Wem sonst", sagt sie, „alle anderen hätten mich doch für verrückt erklärt. Nur Anna konnte mich verstehen, denn ihr ging es genauso."

Wunden in der Seele

Depressionen darf man nicht auf die leichte Schulter nehmen, denn wenn sie zu mächtig werden, kommt man aus diesem Tief allein nicht mehr heraus. Dann ist der Gang zum Psychologen oft der letzte Ausweg. Viele schämen sich, zum Psychologen zu gehen, doch dafür gibt es keinen Grund. So wie der Hausarzt eine Erkältung behandelt, kann der Psychologe die Seele heilen. „Erkannt habe ich das Problem, als ich beinah meine beste Freundin verloren hätte. Da war mir klar, dass ich etwas tun musste", erzählt Linda.

Wege aus dem Stimmungstief

„Ich werde den Tag nie vergessen, als Anna Tabletten geschluckt hat. Ich habe nicht gewusst, dass es bei ihr so schlimm ist", sagt Linda traurig. Lindas Freundin ist mit einem „blauen Auge" davongekommen – sie wurde rechtzeitig gefunden. Damals haben die Freundinnen begriffen, dass es ohne Hilfe nicht geht. Und heute? „Wir sind beide in psychologischer Behandlung. Es geht uns jetzt wieder gut. Das Leben ist zu schön, um es einfach wegzuwerfen."

Tipp

Wenn es dir schlecht geht

Vertraue dich jemandem an: deinen Eltern, einer guten Freundin, einem Vertrauenslehrer oder einem Arzt. Es gibt Verhaltenstherapien, psychologische Behandlungen und Therapien mit der Familie. Bei leichteren Problemen kann eine Behandlung ambulant in der Nähe des Wohnortes erfolgen. Bei schweren Depressionen ist eine stationäre Behandlung im Krankenhaus erforderlich.

Gefährlicher Schlankheitswahn

Pfannkuchen, ein Steak mit Pommes, eine Pizza und vielleicht Schokoladenpudding zum Nachtisch? Lecker, nicht wahr? Essen macht Spaß und man sollte es genießen. Doch

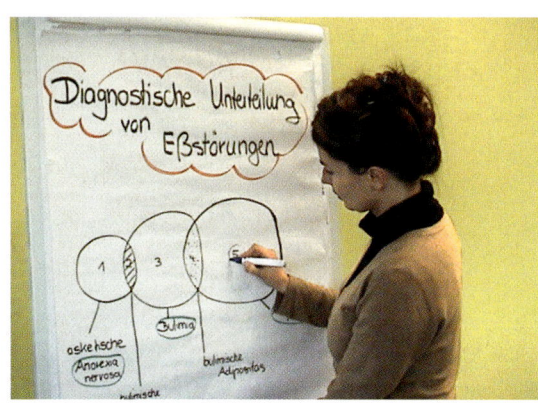

es gibt auch Menschen, die das nicht können. Allein schon der Gedanke an eine Mahlzeit ist für sie eine einzige Qual. Leider ist heutzutage für viele Mädchen und Frauen das normale Essen ein echtes Problem.

Fragwürdiges Vorbild

Es gibt heute tatsächlich schon fünfjährige Mädchen, die sich zu dick fühlen! Barbiepuppen und die superdünnen Stars in den Medien sind ihr großes Ideal. Doch auch immer mehr Prominente geben öffentlich zu, unter Essstörungen zu leiden.

Magersucht (Anorexie)

Menschen, die magersüchtig sind, wiegen viel zu wenig (sie liegen oft 25 Prozent und mehr unter ihrem Normalgewicht). Sie essen kaum etwas, treiben übermäßig Sport und hungern sich so auf dieses Untergewicht. Das Gefährliche ist, dass sich die Magersüchtigen selbst nicht als zu dünn sehen. Im Gegenteil – sie fühlen sich immer zu dick! Sie haben eine ganz falsche Wahrnehmung ihres Körpers. Manche hungern sich schließlich zu Tode.

Bulimie

Bulimiekranke haben richtige Heißhungerattacken. Sie verschlingen heimlich riesige Portionen meist sehr kalorienreicher Lebensmittel. Ist der Anfall vorbei, plagt sie Selbstekel und das Gefühl des Vollgestopftseins. Um die Nahrung wieder loszuwerden, stecken sie sich den Finger in den Hals, bis sie erbrechen. Oft schämen sie sich danach, aber sie handeln wie unter Zwang.

Schlank und (k)rank

Überall in den Medien sieht man perfekt geformte Körper mit Modelmaßen. Da ist es kein Wunder, dass viele Mädchen Komplexe kriegen. Nichts spricht dagegen, ein paar überflüssige Pfunde loszuwerden. Viele Mädchen schlittern allerdings in einen gefährlichen Kreislauf, aus dem sie ohne Hilfe nicht mehr herauskommen.

Ist meine Freundin essgestört?

Kannst du bestimmte Symptome an deiner Freundin beobachten? Verschwindet sie auffällig oft nach dem Essen auf der Toilette? Kontrolliert sie ständig ihr Gewicht und redet andauernd über das Kalorienzählen? Hat sie große Gewichtsschwankungen? Isst sie sehr wenig oder gar nichts? Oder geht es dir vielleicht selbst so?

Ohne Hilfe geht es nicht

Wie geht es deiner Freundin? Will sie Hilfe, weiß aber nicht wie? Signalisiert sie, dass es ihr schlecht geht, lehnt aber Hilfe ab? Sprich mit ihr, aber mache ihr keine Vorwürfe! Bleibe ruhig und mache ihr auch deine Gefühle klar. Verschließt sie sich, dann biete ihr an, dass sie jederzeit mit dir reden kann. Und suche dir auf jeden Fall Hilfe.

Info

Im Internet

findest du Adressen von Beratungsstellen (eine Auswahl findest du auch im Anhang) oder wende dich direkt an einen Psychotherapeuten.

Liebe, Jungs
und noch
viel mehr

Jungs haben dich bisher wenig interessiert und in deinem Leben auch keine große Rolle gespielt. Doch auf einmal betrachtest du Jungs mit anderen Augen. Aus dem Nachbarsjungen, den du nie richtig wahrgenommen hast, ist plötzlich ein guter Freund geworden. Und dabei sieht er auch noch gut aus! Irgendwann merkst du, dass du dich zu einem Jungen hingezogen fühlst, und das bringt dich ziemlich durcheinander. Du spürst das berühmte Kribbeln im Bauch. Alles ist unwichtig geworden, denn du bist zum ersten Mal verliebt! Jetzt beginnt eine aufregende Zeit für dich ...

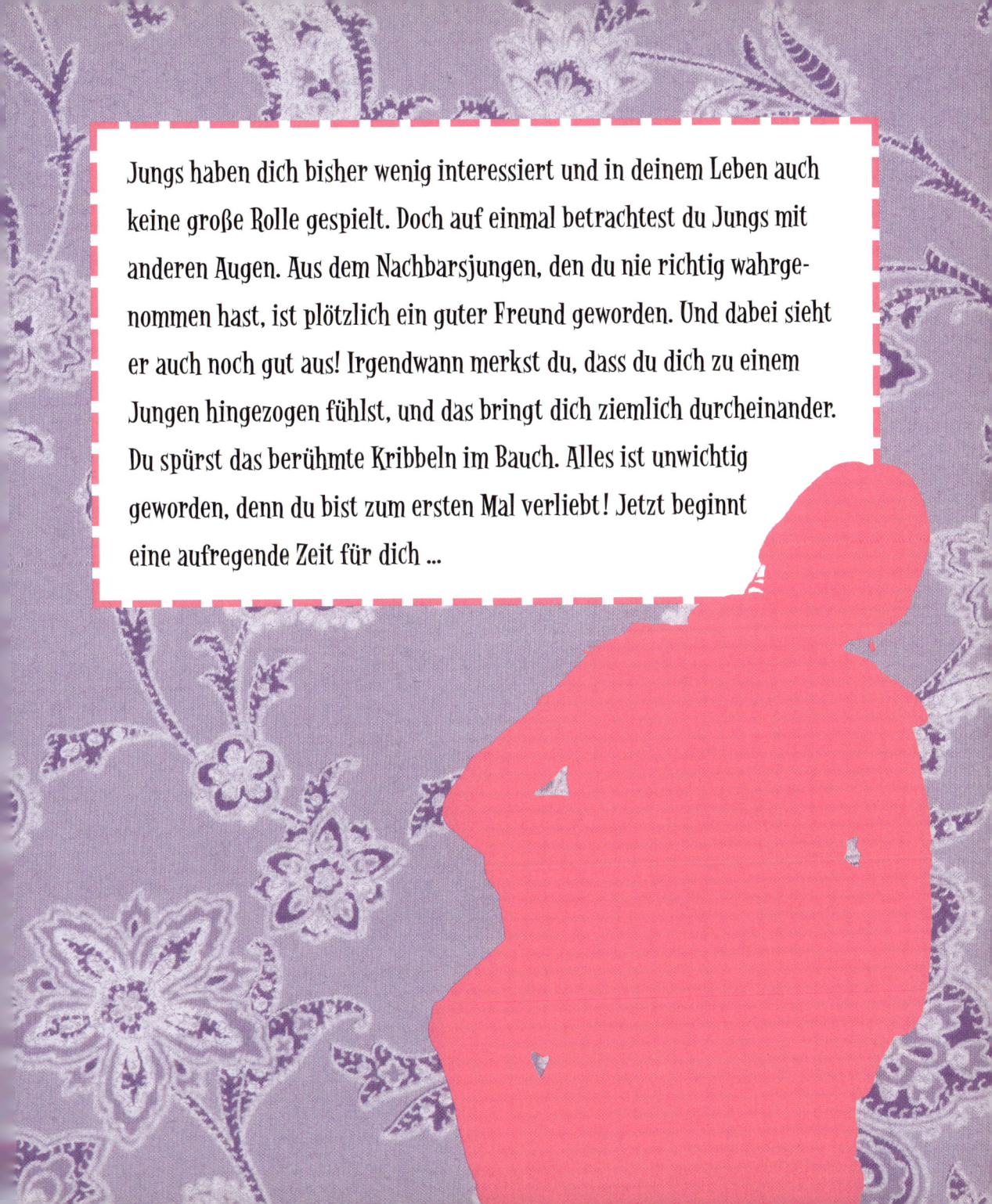

Liebe ist ...

… ein sagenhaftes, wunderschönes, einfach umwerfendes Gefühl! Die Liebe kann dir ganz unterschiedlich begegnen: Manche kennen ihren Schwarm schon ewig lang – vielleicht sogar schon aus dem Sandkasten. Andere trifft es wie der Blitz aus heiterem Himmel: die Liebe auf den ersten Blick! So oder so – wenn du verliebt bist, bist du wie verzaubert und schwebst auf Wolke sieben!

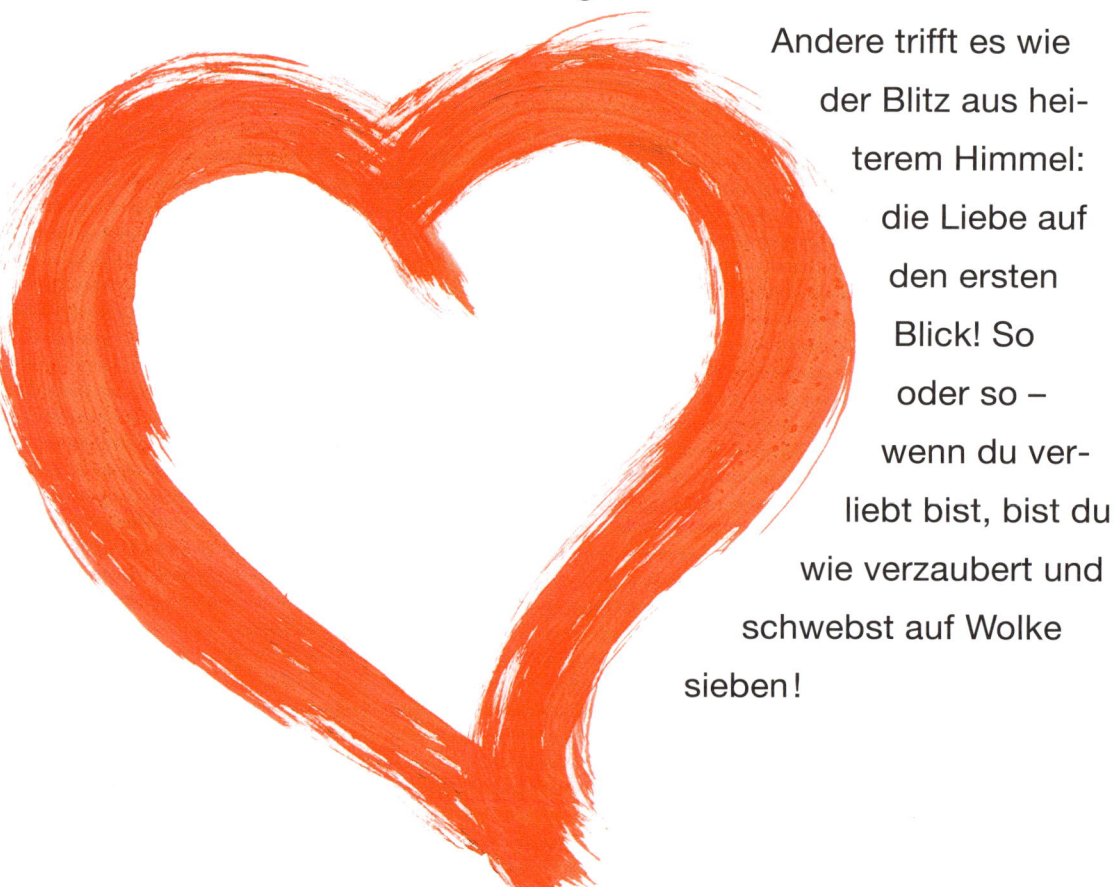

Unbeschreibliche Gefühle

Du wirst von Glücksgefühlen überrollt, strahlst mit der Sonne um die Wette, hast Schmetterlinge im Bauch, dein Herz pocht wie verrückt und dein ganzer Körper steht „unter Strom". Hunger, Durst oder Schlaf, alles wird zur Nebensache. Trotzdem sprühst du vor Energie, könntest Bäume ausreißen und die ganze Welt umarmen, denn deine Gedanken kreisen nur noch um „ihn". Am liebsten wärst du Tag und Nacht mit deinem Freund zusammen.

Glücksmomente

Bist du verliebt, arbeitet dein ganzer Körper auf Hochtouren. Das hast du dem Hormon Adrenalin zu verdanken, das ausgeschüttet wird, wenn du deinem Freund in die Augen schaust oder an ihn denkst. Es wirkt wie ein körpereigenes Aufputschmittel und beflügelt dich förmlich. Außerdem stärkt es deine Abwehrkräfte, so wird dein Liebesglück auch nicht durch einen Schnupfen gestört. Der Neurotransmitter Dopamin, der im Gehirn gebildet wird, wirkt wie ein Glückshormon und lässt dich alles durch die „rosarote Brille" sehen – dein Schwarm ist für dich der liebste und stärkste, klügste und schönste Junge auf der ganzen Welt.

Tipp

Immer der Nase nach

An dem altbekannten Spruch „Ich kann ihn gut riechen" ist wirklich etwas Wahres dran. Denn nicht nur die Hormone spielen beim Verliebtsein eine Rolle: Jeder Mensch hat seinen ganz eigenen Körpergeruch und Mädchen reagieren unbewusst auf Jungen, deren Duft signalisiert, dass die Immunsysteme unterschiedlich sind. Wenn du ihn also „gut riechen" kannst, steigen seine Chancen bei dir gewaltig!

Info

Körpersprache

Mit den Händen in der Tasche wirkst du gelangweilt, mit verschränkten Armen abweisend. Stell dich aufrecht und gerade hin, wende dich ihm mit dem ganzen Körper zu. So signalisierst du: Ich bin interessiert und aufmerksam. Es ist weniger wichtig, was du sagst, sondern eher, wie du etwas sagst. Hast du gewusst, dass dein Gegenüber vor allem auf den Klang deiner Stimme reagiert?

> Ich krieg kein Wort raus, wenn sie in meiner Nähe ist. Dabei würde ich so gern was zu ihr sagen.
>
> *Christian, 15*

Flirten – zarte Annäherung

Da ist er wieder, der Junge aus der Parallelklasse! Schon ist es um dich geschehen. Du bekommst weiche Knie, dein Herz schlägt Purzelbäume, deine Hände zittern und du bist furchtbar aufgeregt. Ob er dich überhaupt bemerkt? So gern würdest du ihn auf dich aufmerksam machen – nur wie? Möglichkeiten gibt es viele. Doch wie stellst du es am besten an, ohne dich zu blamieren?

Ich trau mich nicht!

Verliebt zu sein ist bestimmt das schönste Gefühl der Welt. Aber genau dieses Gefühl kann dich auch ganz schnell blockieren. Kaum taucht „er" auf, fängst du an zu stottern oder weißt nicht mehr, was du sagen sollst. Eure Blicke treffen sich, aber anstatt deine Chance zu nutzen, schaust du weg und gehst weiter. Und danach ärgerst du dich unheimlich über die verpasste Gelegenheit! Also: Ergreife die Chance zu einem zarten Flirt – wer weiß, was daraus wird …

So kommst du gut an

Du wünschst dir, dass er auf dich aufmerksam wird und den ersten Schritt tut? Dann signalisiere ihm deine Offenheit durch eine positive Ausstrahlung. Und zwar dadurch, wie du dich bewegst, was du tust, wie du sprichst, was du sagst, wie du aussiehst und wie du riechst. Ziehe das an, worin du dich wohlfühlst. Zu viel Make-up schreckt viele Jungs eher ab. Sei einfach du selbst und trete ihm möglichst unbefangen gegenüber. Wenn du versuchst, dich zu verstellen, kommst du nur verkrampft rüber.

Ins Gespräch kommen

Herzklopfen und zarte Blicke aus der Ferne sind der Anfang, aber um ein Paar zu werden, reicht das nicht. Ihr müsst auch ins Gespräch kommen. Gibt es Interessen oder Themen, die euch beide betreffen – die Schule, der Sport, ein Fest? Dann knüpfe hier an. Wenn ihr euch schon kennt und du dich traust, kannst du ihm auch gleich ein Treffen vorschlagen: Eis essen, ins Kino gehen …

> Immer wenn ich ihm begegne, wird mir heiß und kalt. Ich zittere vor Aufregung am ganzen Körper und mein Herz klopft wie wild!
> Dina, 13

Wir sind ein Paar

Du schwebst auf Wolke sieben – endlich seid ihr zusammen. Jede freie Minute verbringt ihr miteinander. Dinge, die dir vorher wichtig waren, wie Freunde, Familie usw., treten in den Hintergrund. Nach ein paar Wochen oder Monaten kann sich das aber wieder ändern. Du stellst fest, dass du dich doch mal wieder mit deiner Freundin treffen willst, die du in der letzten Zeit vernachlässigt hast. Das ist ganz normal und auch gut so. Denn ihr habt neben eurer Beziehung auch noch ein „normales" Leben und jeder sollte ein wenig Freiraum haben.

Traumhafte Küsse

Begrüßungs- oder Abschiedskuss, ein freundschaftliches Küsschen auf Wange oder Stirn, ein sanfter „Schmatzer" auf den Mund oder leidenschaftliche Zungenküsse … Küssen ist eine eigene Sprache: Es kann ein Zeichen der Versöhnung sein, ein Freundschafts- oder Liebesbeweis oder die reine Lust. Kuss ist also nicht gleich Kuss – es gibt ihn in vielen Arten und zu den unterschiedlichsten Anlässen.

> Bin ich froh, dass ich Max angesprochen habe. Ich bin total verliebt in ihn!
>
> *Marie, 15*

Der erste Kuss

Er hat dich schon mehrmals nach Hause begleitet. Zum Abschied habt ihr euch umarmt oder euch ein Küsschen auf

die Wange gegeben. Doch heute ist es irgendwie anders … Und plötzlich wisst ihr es beide – da ist mehr als nur Sympathie. Einerseits wünschst du dir, dass er dich endlich „richtig" küsst. Andererseits hast du auch ein bisschen Angst davor. Lampenfieber vor dem ersten Kuss ist völlig normal. Genau das macht ihn ja so besonders. Doch du wirst sehen: Es geht ganz leicht!

Ein Feuerwerk im Körper

Zärtlich und sanft sind die ersten Küsse. Gefällt es euch, probiert weiter aus – mal sanft, mal stürmisch. Fühlst du dich bereit für einen Zungenkuss, kannst du mit der Zunge zärtlich über seine Lippen streichen. Wollt ihr mehr, öffnen sich eure Lippen automatisch und die Zungen berühren sich. Wenn ihr sensibel auf eure Reaktionen achtet, werdet ihr schnell merken, was euch gefällt.

Tipp

Kuss-Fakten

Ein leidenschaftlicher Kuss setzt 38 Gesichtsmuskeln gleichzeitig in Bewegung. Die Nervenenden von Lippen und Mund werden stimuliert, der Puls steigt auf bis zu 150 Schläge pro Minute an und mit ihm die Körpertemperatur. Das Glückshormon Serotonin macht dich unverkrampft und das Verliebtheitshormon Phenylethylamin trifft dich wie Amors Pfeil.

Ist er der Richtige?

Bist du frisch verliebt und zweifelst noch, ob er wirklich zu dir passt? Dann achte mal auf seine kleinen Aufmerksamkeiten, auf seine Gesten und eure Gemeinsamkeiten. Auch mithilfe dieses Tests kannst du herausfinden, ob er wirklich der Richtige für dich ist. Beantworte die Fragen und zähle am Ende deine Ja- und Nein-Antworten.

Kommt es vor, dass ihr zur gleichen Zeit dasselbe denkt und ausssprecht?

☒ Ja ☐ Nein

Kannst du mit ihm rumalbern und könnt ihr über die gleichen Sachen lachen?

☒ Ja ☐ Nein

Zeigt er auch vor seinen Freunden, dass ihr ein Liebespaar seid?

☐ Ja ☒ Nein

Kannst du mit ihm über deine intimsten Ängste und Sorgen reden?

☐ Ja ☐ Nein

Glaubst du, dass er nur Augen für dich hat und keinem anderen Mädchen hinterherschaut?

☒ Ja ☐ Nein

Würdest du für ihn deine beste Freundin versetzen?

☒ Ja ☐ Nein

Wenn du von einem tollen Jungen angemacht wirst, sagst du ihm gleich, dass du einen Freund hast?

☐ Ja ☐ Nein

Glaubst du, dass er ein Geheimnis für sich behalten kann und es nicht gleich seinem besten Freund erzählt?

☒ Ja ☐ Nein

Kannst du verstehen, dass er auch Zeit für seine Freunde braucht?

☒ Ja ☐ Nein

Bist du wie elektrisiert, wenn er dich berührt?

☐ Ja ☒ Nein

Überwiegend „Ja": Euch kann man nur beglückwünschen! Ihr seid wie für einander geschaffen! Eure Chemie stimmt völlig überein. Ihr habt viele Gemeinsamkeiten und wirklich Verständnis füreinander. Auch ohne viele Worte versteht ihr euch blendend und habt jede Menge Spaß. Das sind die besten Voraussetzungen für eine lange und tolle Beziehung.

Zur Hälfte „Ja", zur Hälfte „Nein": Das „Dream-Team" seid ihr nicht gerade, aber es besteht eine gute Chance für euch. Ihr müsst euch immer wieder zusammenraufen. Das kostet zwar Kraft, aber schafft gegenseitiges Verständnis und Vertrauen. Natürlich braucht jeder seinen Freiraum, aber es ist genauso wichtig, Dinge gemeinsam zu tun. Sprecht darüber und ihr werdet bestimmt einen Weg finden.

Überwiegend „Nein": Eigentlich lebt jeder von euch sein eigenes Leben. Seid ihr zusammen, weil ihr meint, dass eine Beziehung einfach „dazugehört"? Doch wenn ihr eure Beziehung trotz aller Differenzen aufrechterhaltet, seid ihr nicht frei für eine neue Liebe. Überlegt mal, warum ihr noch zusammen seid, und sprecht darüber. Bevor ihr euch wehtut, wäre es fairer, die Beziehung mit Anstand zu beenden. Vielleicht könnt ihr noch gute Freunde bleiben.

>> Ich kann es kaum ertragen, wenn ich nicht weiß, was Timo gerade macht. Warum meldet er sich nicht? <<

Valeska, 15

Quälende Eifersucht

Gestern hat er gesagt, er trifft sich mit seinen Kumpels, aber vielleicht war das nur eine Ausrede und ein anderes Mädchen steckt dahinter? Der Fleck an seinem T-Shirt – könnte das Lippenstift sein? Das sieht doch aus wie ein Knutschfleck an seinem Hals!

Kennst du das?

Eifersucht kann dir das Leben zur Hölle machen und die wildesten Fantasien schießen durch deinen Kopf. Ist der „Film" erst einmal angelaufen, lässt sich das Kopfkino nicht mehr aufhalten. Dabei spielt es keine Rolle, ob du einen wirklichen Grund für deine Verdächtigungen hast oder nicht.

Schleichende Gefahr

Hast du gewusst, dass etwa 80 Prozent aller Jugendlichen zugeben, eifersüchtig zu sein? Schon Kleinigkeiten, wie ein Lächeln oder ein Blick, können Eifersucht auslösen. Solange du die Angst, deinen Freund zu verlieren, nicht übertreibst, richtet sie keinen Schaden an. Verlierst du die Kontrolle und die Eifersucht wird zum Wahn, kann deine Beziehung gefährdet sein. Oft löst übertriebene Eifersucht bei dem Partner tatsächlich irgendwann das unterstellte Verhalten aus …

Achtung vor dir selbst

Wer eifersüchtig ist, zweifelt vor allem an sich selbst. Versuche die guten Seiten an dir zu entdecken, denn genau die machen dich so besonders. Was liebt und schätzt dein

Freund so sehr an dir? Deine witzige, offene Art? Deine Ehrlichkeit? Bist du besonders einfühlsam und zärtlich? Werde dir dessen bewusst, denn das stärkt dein Selbstbewusstsein. Dann fällt es dir auch leichter, über deine Eifersucht zu reden. Sprichst du über deine Gefühle, kannst du besser mit ihnen umgehen.

Er liebt mich, er liebt mich nicht ...

Dein Freund hat sich doch bereits für dich entschieden und das bestimmt nicht ohne Grund. Er mag dich, weil du bist, wie du bist. Denk an die Liebeserklärungen, die Komplimente, die du schon von ihm gehört hast. Erinnere dich an die schönen Momente, die du schon mit ihm hattest.

Vertrauen ist gut – Kontrolle ist besser?

Spioniere deinem Partner auf keinen Fall nach. Du verrennst dich dabei leicht in Verdächtigungen, die sehr verletzend werden können. Und stell dir mal vor, du wirst dabei erwischt! Das führt unweigerlich zum Vertrauensbruch. Lass ihm den Freiraum, den er braucht. Ihn an der „kurzen Leine" zu halten führt dazu, dass er ausbricht. Gib nichts auf Gerüchte und glaube nur, was du selbst gesehen hast. Das stärkt euer Zusammengehörigkeitsgefühl.

Info

Was ist Eifersucht?

Eifersucht hat sehr viel mit Angst zu tun. Wer eifersüchtig ist, hat Angst, seinen Partner zu verlieren, und will ihn für sich allein besitzen. Unter quälender Eifersucht leiden vor allem Menschen mit einem geringen Selbstwertgefühl. Sie können nicht glauben, um ihrer selbst willen geliebt zu werden, und meinen, der Partner könnte andere attraktiver finden.

Tipp

Für die Schule zu lernen finden Eltern immer gut! Vielleicht ist dein Freund ein Ass in Mathe oder einem anderem Fach. Gibt er dir Nachhilfe, könntest du zwei Probleme auf einmal lösen: Du besserst deinen Notendurchschnitt auf und deine Eltern können den Jungen dabei ganz entspannt kennenlernen. Ist der Zeitpunkt günstig, kannst du ihn als deinen Freund vorstellen.

„Hi, das ist Max!"

Wahrscheinlich vermuten deine Eltern längst, dass bei dir etwas „im Busch" ist. Stundenlange Modenschauen vor dem Spiegel, heimliche Telefonate oder Träumereien beim Essen haben dich wohl längst verraten.

Wie sag ich's bloß?

Vielen Mädchen fällt es nicht leicht, ihren Eltern von ihrer großen Liebe zu erzählen. Manche haben Angst, dass die Eltern ihren Freund nicht mögen oder dass sie sich „peinlich" verhalten. Auch dein Freund weiß vielleicht nicht so recht, wie er deinen Eltern begegnen soll.

Eltern und ihre Gefühle

Bring deinen Freund einfach mit nach Hause und stell ihn deinen Eltern vor. Auch wenn sie zurückhaltend reagieren, muss das nicht unbedingt daran liegen, dass ihnen dein Freund unsympathisch ist. Sie haben auch mit vielen Gefühlen zu kämpfen. Schließlich entfernst du dich nun noch ein Stück mehr von ihnen. Deshalb spielt auch ein bisschen Eifersucht mit. Und natürlich wollen sie dich vor schlechten Erfahrungen bewahren und erst einmal genau wissen, ob dein Freund auch wirklich der Richtige für ihre Tochter ist.

Liebe mit Hindernissen

Wenn du verliebt bist, hat der Verstand erst einmal „Pause". Liebe hat nichts mit Vernunft zu tun. Es spielt für dich dann keine Rolle, ob dein Schwarm weit weg wohnt, ob er einer anderen Religion angehört oder wesentlich älter ist als du. Vielleicht hast du dich in deinen Lehrer verknallt oder die Liebe hat dich im Urlaub erwischt?

Pendelnde Herzen

Liebe auf Distanz fordert ihren Preis: Manchmal ist die Sehnsucht für dich unerträglich und tut verdammt weh. Spontane Treffen gibt es nicht. Vielleicht könnt ihr euch nur in den Ferien sehen, deshalb bleiben euch nur Telefonate oder E-Mails. So eine Liebe hat auf Dauer oft wenig Chancen. Die Entfernung ist zu groß, ihr lebt getrennte Leben und irgendwann werden die Gefühle schwächer.

>> Im letzten Spanien-urlaub habe ich mich unsterblich in einen Kellner verliebt. Der Abschied ist mir unheimlich schwer-gefallen und ich war lange Zeit noch sehr traurig. <<

Susanna, 15

Viel zu alt?

Gefühle kennen keine Altersgrenzen. Bestimmt ist es toll, für jemanden zu schwärmen, der schon mehr Lebenserfahrung hat als du. Wahrscheinlich fühlst du dich bei ihm geborgen, denn du kannst zu ihm aufschauen und auch von ihm lernen. Vielleicht kannst du ja auch mit den unerfahrenen, „albernen" Jungs in deinem Alter nichts anfangen. Aber du musst wissen, dass du mit einer solchen Beziehung wichtige altersgemäße Erfahrungen verpasst, für die jetzt eigentlich die Zeit wäre.

Andere Vorstellungen

Ein 20- oder 25-jähriger Mann hat eine andere Lebenseinstellung und erwartet von dir Eigenständigkeit. Als Erwachsener hat er außerdem alle Freiheiten. Er hat andere Interessen, geht vielleicht lieber zum Motorradrennen, während du auf eine Party willst. Es geschieht leicht, dass du in einer solchen Beziehung diejenige bist, die zurückstecken muss. Warum fühlst du dich zu ihm hingezogen? Imponiert es dir, dass dein Freund beruflich erfolgreich ist? Ist er besonders einfühlsam? Oder gefällt es dir, dass er so klare Vorstellungen vom Leben hat?

Eigene Bedürfnisse

Pass auf, dass in einer solchen Beziehung deine eigenen Bedürfnisse nicht zu kurz kommen. Wenn du versuchst, ihm nachzueifern oder Dinge ihm zuliebe tust, weil du vielleicht nur dann das Gefühl hast, dass er dich akzeptiert, dann ist die Beziehung nicht in Ordnung. Kann es sein, dass du dir ein Idol suchst? Jetzt ist aber die Zeit, in der sich deine eigene Persönlichkeit entwickeln soll, ohne dass du dich dabei zu stark an deinem Partner orientierst.

>> Ich habe mich in unseren neuen Sportlehrer verliebt. Was kann ich machen? <<

Claudia, 14

Verbotene Liebe?

Bei aller Liebe gibt es in einer solchen Beziehung auch ein paar Dinge zu bedenken. Beim Händchenhalten wird es wahrscheinlich nicht bleiben. Irgendwann will er mehr von dir und dabei gibt es einiges zu beachten, wenn du noch minderjährig bist. Bist du noch keine 16 und er ist über 21, macht er sich unter Umständen strafbar, wenn er Sex mit dir hat oder dich streichelt und damit „unsittlich" berührt. Am besten ihr informiert euch bei einer Beratungsstelle (Adressen findest du im Anhang).

Verliebt in den Lehrer

Wenn du in deinen Lehrer verliebt bist, musst du wissen, dass dies keine Zukunft hat. Eine Lehrkraft darf keine Beziehung mit Schülerinnen führen, weil ein Schüler-Lehrer-Verhältnis ein Abhängigkeitsverhältnis darstellt. Weder Dates noch Händchenhalten, geschweige denn mehr, sind erlaubt. Er würde sich strafbar machen, könnte seinen Job verlieren und sogar ins Gefängnis kommen.

Wenn die Liebe nicht erwidert wird

Unglücklich verliebt zu sein tut verdammt weh! Es ist ein schlimmes Gefühl und du bist überzeugt davon, dass du nie wieder glücklich sein kannst. Diese Herzschmerzen kann dir keiner abnehmen. Da musst du durch. Aber es gibt ein paar Tipps, die ein bisschen helfen, besser darüber hinwegzukommen:

- Friss nichts in dich hinein. Rede über deine Gefühle. Wende dich an jemanden, dem du vertraust: deine beste Freundin, die Eltern oder Geschwister. Können sie dir nicht helfen, kannst du auch beim Sorgentelefon anrufen (Die Nummer findest du im Anhang).
- Verrenne dich nicht in deine Gedanken, sondern lenke dich ab. Geh mit deiner Freundin shoppen oder schaut euch einen lustigen Film an. Dekoriere dein Zimmer neu. Alles, was dich ablenkt, tut dir jetzt gut.
- Es ist völlig verständlich, dass du dich am liebsten einigeln würdest. Aber das wäre grundverkehrt – du musst raus aus deinen vier Wänden.

Verliebt in einen Star

Lara, 14, fühlt sich im siebten Himmel: Es hat sie voll erwischt. Aber statt für verliebtes Händchenhalten im Park, Eisessen oder leidenschaftliche Umarmungen mit einem Jungen lebt sie für Videoclips, Poster, DVDs und CDs, denn ihr Schwarm ist nicht irgendein Junge – sondern der Sänger der angesagtesten Boygroup.

Date mit dem Fernseher

Samstagnachmittag. Während sich Laras Freundin mit ihrem Freund im Café trifft, starrt Lara wie gebannt auf den Fernseher. Auch sie hat gleich ein Date! Nur mit dem Unterschied, dass ihr Traumjunge nicht neben ihr auf der Couch sitzt, sondern einen Live-Auftritt im Fernsehen hat. Lara ist ganz aufgeregt, sie verschlingt ihr Idol mit den Augen, verfolgt gebannt jede seiner Bewegungen.

Vor dem Fernseher fühlt sich Lara ihrem Star ganz nah.

Liebe ohne Risiko

Geht es dir ein bisschen wie Lara und du bist auch unsterblich in einen Star verliebt? Hast du dich schon mal gefragt, welche Zukunft diese Liebe hat und was für eine Art von Liebe das ist? Sie ist auf jeden Fall einseitig, denn dein Idol weiß ja nicht einmal etwas von deiner Existenz. Ist das vielleicht der entscheidende Punkt? Kann es sein, dass du im Moment noch gar nicht dazu bereit bist, einen „echten" Freund zu haben? Eine Beziehung braucht viel Vertrauen und ist oft mit Ängsten verbunden: Was ist, wenn dich der andere verletzt, wieder aus deinem Leben verschwindet oder dich gar nicht richtig liebt?

Perfekte Jungs?

Wie Lara verlieben sich viele Teenager in das ideale Bild, das ihre Stars bieten. Zur perfekten Optik ihrer Idole malen sie sich den perfekten Charakter aus. Alles bleibt makellos. Mit Macken und Fehlern des anderen muss man sich nicht auseinandersetzen. Wenn du einen Star liebst, kann dir nicht viel passieren. Du kannst nicht zurückgewiesen oder verlassen werden.

„Liebes-Training"

Eine Star-Liebe hat ihre Vorteile: Auf diese Weise lernst du, auf sicherem Boden mit deinen neuen Gefühlen umzugehen. Du erfährst aus gebührendem Abstand, wie es sich anfühlt, Schmetterlinge im Bauch zu haben – aber auch, wie weh Liebeskummer tun kann, wenn „er" plötzlich eine Freundin hat. Damit machst du sozusagen ein „Trockentraining" in Sachen Liebe.

Zurück in die Realität

Träumen ist etwas Wunderbares und es hilft, die schwierige Phase des Erwachsenwerdens besser zu überstehen. Die Liebe zu einem Star ist erst mal nichts Schlimmes. Problematisch wird es erst, wenn du dich extrem in deine Gefühle hineinsteigerst und dich von deiner Umwelt und deinen Freunden total abschottest. Kommst du aber mit deinen Gefühlen nicht mehr klar, kannst du dir Hilfe bei Jugendtelefonen holen (Nummern findest du im Anhang).

> Ich lese jedes Interview mit ihm und sehe mir jeden Bericht im Fernsehen an. So habe ich das Gefühl, ihn gut zu kennen.
>
> *Lara, 14*

Petting & Co.

Jetzt seid ihr schon eine Weile zusammen und du bist immer noch wie elektrisiert, wenn er dich küsst und zärtlich im Arm hält. Du könntest dir auch vorstellen, mit ihm zu schlafen. Einerseits wünschst du es dir, andererseits hast du Angst davor. Tausend Fragen gehen dir durch den Kopf: Was passiert, wenn ich mit ihm schlafe? Wird er mich danach noch lieb haben? Bin ich wirklich schon bereit dafür? Wird alles klappen?

Kuschelsex

Wenn du noch nicht so weit bist, ist das völlig in Ordnung. Petting ist zum Beispiel eine tolle Alternative zum „richtigen" Sex. Mit Küssen, Berühren und Streicheln kannst du zärtlich sein, ohne bis zum Äußersten zu gehen. Das ist etwas sehr Schönes. Man entdeckt dabei den eigenen Körper und den seines Partners und wird miteinander vertraut. So ganz allmählich bekommt ihr Lust auf mehr und auch die Angst vor dem „ersten Mal" verschwindet.

Zärtliche Berührungen

Welche Berührungen euch gefallen und guttun, findet ihr beim Ausprobieren schnell heraus. Denk nicht lange nach, sondern lass dich fallen und von Neugierde, Fantasie und Lust leiten. Verschiedene Anzeichen sagen dir, ob du mit deinen Berührungen richtig liegst. Du merkst es an den Bewegungen deines Partners und seinen Lustlauten.

Besonders empfindsam

Bestimmte Zonen des Körpers reagieren sehr empfindsam auf Berührungen: Die Stellen zwischen Hals und Ohrläppchen, Achselhöhlen, Nacken, Brustwarzen und Nabel sind sogenannte erogene Zonen. Ebenso erregend wirkt das Streicheln der Schenkelinnenseiten bis hoch zum Genitalbereich. Übrigens: Die Brustwarzen des Mannes sind fast genauso sensibel wie die der Frau und sehr empfänglich für sanfte Berührungen.

Spaß ohne Zwang

Ob ihr nur schmust, euch im Genitalbereich liebkost, mit den Händen oder den Lippen gegenseitig zum Höhepunkt bringt, ist euch ganz und gar selbst überlassen. Es darf alles sein, solange es ohne Zwang passiert. Ganz wichtig ist, dass du deinen eigenen Gefühlen vertraust. Petting ist nicht mehr okay, wenn du dich zu irgendetwas überwinden musst und es nur ihm zuliebe tust.

Lass dir Zeit

Bist du für gewisse Dinge noch nicht bereit, darfst und sollst du „Nein" sagen. Du kannst das sehr feinfühlig tun, ohne ihn in seinen Gefühlen zu verletzen: „Es ist sehr schön mit dir, aber dafür brauche ich noch mehr Zeit ..." So kann er verstehen, dass du ihn nicht ablehnst oder zurückweist. Wenn er es nicht versteht, ist er nicht der Richtige für dich. Nur wenn ihr beide offen sagen könnt, was ihr mögt und was ihr nicht wollt, könnt ihr die zärtliche und prickelnde Stimmung ohne unangenehmen Beigeschmack genießen.

Info

Was ist Petting?

Der Begriff kommt aus dem Englischen (to pet) und meint so viel wie „Sex ohne Geschlechtsverkehr". Das bedeutet, sich gegenseitig am ganzen Körper zu liebkosen, inklusive des Intimbereichs. Erlaubt ist dabei alles, was euch beiden gefällt, und euren Fantasien sind keine Grenzen gesetzt.

Erregend – so fängt es an

Die Sexualität, also die Fähigkeit, Lust zu empfinden, beginnt schon bei der Geburt: Der intensive Körperkontakt, die Wärme und Berührung zwischen Mutter und Kind sind bereits ein Teil der menschlichen Sexualität.

Ganz natürlich

Zwischen diesen frühen Lustgefühlen und den späteren Sehnsüchten ist allerdings ein großer Unterschied. Der Drang nach sexuellen Empfindungen äußert sich in der Pubertät völlig anders und deutlicher. Das ist aber nichts, wofür du dich schämen müsstest. Das sexuelle Verlangen spielt sich bei Mädchen und Jungs gleichermaßen im Kopf und im Unterleib ab. Verschiedene Phasen folgen dabei im Körper aufeinander: Die Wissenschaftler sagen dazu Erregungs-, Plateau-, Orgasmus- und Rückbildungsphase.

Wenn die Lust steigt

Streicheln, Körperkontakt, Fantasien oder Bilder können ebenso wie der Geruch der Haut deines Freundes deine Erregung auslösen und steigern. Mit zunehmender Erregung schlägt das Herz schneller, der Atem geht stoßweise, die Brustwarzen werden hart und stellen sich auf. Du spürst ein wohlig warmes Gefühl im Unterleib, denn er wird stärker durchblutet. Die Schamlippen und die Klitoris schwellen an und deine Scheide wird feucht. Wenn du dann mit einem Jungen schläfst, wird die Klitoris durch die Bewegungen seines Gliedes weiter gereizt. Beim Orgasmus entlädt sich die Erregung schlagartig und die Scheide und der After ziehen sich in pulsierenden Bewegungen immer wieder zusammen. Danach fühlst du dich total gut und entspannt, Herzschlag und Atmung normalisieren sich wieder.

> Ich habe genau gespürt, dass wir jetzt soweit sind. Als Michael in mich eingedrungen ist, tat es auch kaum weh und fühlte sich sehr gut an.
>
> *Julia, 17*

Sexuelle Erregung bei Jungs

Auch Jungs brauchen einen Auslöser für ihre sexuelle Erregung. Das können ganz einfache Dinge sein, zum Beispiel Streicheleinheiten oder aufregende Bilder, wie schöne Mädchenbeine oder ein reizendes Lächeln …

Kompliziert und sensibel

Wenn ein Junge sexuell erregt ist, wird sein Glied steif und es richtet sich auf. Dazu muss das Gehirn einen komplizierten Mechanismus starten. Wenn der Junge ein Lustgefühl verspürt, gehen Nervenimpulse vom Gehirn in die Schwellkörper des Penis und geben den Muskelfasern dort das Signal zur Entspannung. Dann kann mehr Blut in die Schwellkörper fließen, sie dehnen sich aus und drücken die Venen ab, sodass das Blut nicht wieder abfließen kann. Das Glied wird steif und kann in die Scheide des Mädchens eingeführt werden.

Der Orgasmus

Vor dem Höhepunkt kann aus der Gliedspitze etwas Flüssigkeit kommen, die manchmal auch schon Spermien enthält. Der Penis wird durch die stoßartigen Bewegungen in der Scheide gereizt. Wird der Druck zu hoch, entlädt er sich im Orgasmus explosionsartig. Glied, Samenleiter, Prostata, Bläschendrüsen und After bewegen sich in wellenartigen Zuckungen. Das Sperma spritzt aus der Eichelöffnung (Samenerguss). Auch Jungs haben danach ein tolles Glücksgefühl. Dann wird der Penis langsam wieder schlaff.

>> Immer wenn ich mit Teresa schmuse, spüre ich, dass mein Penis steif wird. <<
Sven, 16

>> Wenn ich mit Sven kuschle, spüre ich, wie meine Scheide feucht wird. <<
Teresa, 16

Es wird mehr

Du bist über beide Ohren verliebt. Irgendwann willst du mehr, als nur händchenhaltend mit ihm durch den Park schlendern. Und plötzlich geht alles viel schneller, als du denkst: der erste Kuss, die ersten intimen Berührungen und das erste Mal miteinander schlafen. Viele Fragen, Unsicherheiten und Ängste begleiten dich dabei: Ist der Zeitpunkt gut? Tut es weh? Mache ich es richtig? Es ist wichtig, dass du darüber nachdenkst, aber du solltest es nicht zu verkrampft sehen. Wenn ihr beide locker seid, geht es viel besser.

Tipp

Bist du reif fürs erste Mal?

Bist du wirklich schon bereit, mit deinem Freund zu schlafen, oder sind deine Ängste und Bedenken noch zu groß? Folgende Fragen solltest du dir stellen:

1. Weißt du, welche Streicheleinheiten dir guttun? Und weiß auch dein Freund, wie er dich „richtig" berührt?

2. Hast du mit deinem Partner schon über Verhütung gesprochen? Wenn nicht, dürft ihr auf keinen Fall miteinander schlafen. Verhütung liegt in euer beider Verantwortung (siehe Seiten 88 – 93).

3. Hast du Vertrauen zu deinem Freund? Dazu gehört, dass ihr über alles reden könnt, auch über eure Sexualität, darüber, was ihr mögt und was nicht, und auch über mögliche Ängste.

4. Hast du wirklich Lust, mit ihm zu schlafen? Wirklich bereit sind viele Mädchen erst dann, wenn die Neugierde auf Sex und das Vertrauen zum Freund größer sind als die Angst davor. Hör auf dein Bauchgefühl, genieße weiter „harmlose" Zärtlichkeiten, wenn die Zweifel vor dem nächsten Schritt noch zu groß sind.

Das erste Mal

Dein erstes Mal wird dir immer in Erinnerung bleiben und dich in deiner Sexualität prägen. Bestimmt ist es anders, als du es dir vorgestellt hast – vielleicht noch schöner, vielleicht auch enttäuschend. Auf jeden Fall ist es wichtig, dir einige Gedanken darüber zu machen, denn eines ist ganz klar: Sexualität ist die schönste Art und Weise, deinem Partner deine Liebe und dein Vertrauen zu zeigen.

Die Stimmung macht's!

Das erste Mal erlebt jeder anders, aber du kannst einiges tun, um es zu einer schönen Erfahrung werden zu lassen. Nehmt euch viel Zeit und Ruhe – und denkt zuerst an die Verhütung! Auch die Umgebung sollte passen. Wenn du ständig Angst haben musst, dass die Zimmertür aufgerissen wird und plötzlich die Eltern oder Geschwister im Raum stehen, kannst du dich nicht auf die Liebe konzentrieren. „Stimmungsmacher", wie leise Musik, gedämpftes Licht und Kerzenschein, lockern die Atmosphäre auf. Das alles trägt dazu bei, dass du das erste Mal entspannt angehen kannst.

Entspannt und locker

Durch zärtliche Berührungen und Petting habt ihre eure Körper schon gut kennengelernt und erforscht. Ihr seid zärtlich miteinander und die Erregung steigt. Wenn ihr dann beide bereit zu „mehr" seid, lasst euch einfach treiben. Es ist wie ein Herantasten, ein Ausprobieren und ein „Spiel". Das sagt schon der Name „Vorspiel", wenn es um das spielerische Küssen, das Streicheln und Liebkosen geht. Dadurch bringt ihr euch in Stimmung und so geht das Vorspiel oft wie von selbst in den Geschlechtsverkehr über.

Der Höhepunkt

Der Orgasmus ist ein unbeschreiblich schönes Gefühl. Ganz nüchtern betrachtet, ist ein Orgasmus nichts anderes als ein plötzliches Nachlassen der Nerven- und Muskelanspannung auf dem Gipfel sexueller Lust. Ist es so weit, zieht sich das Glied in kurzen pulsierenden Zuckungen zusammen und drückt so den Samen heraus. Die Scheide beginnt zu pulsieren und sich rhythmisch zusammenzuziehen – du fühlst dich total entspannt und wohlig zufrieden.

Wie ist das mit dem Jungfernhäutchen?

Viele Mädchen können sich unter dem Jungfernhäutchen wenig vorstellen und denken, dass es beim Sex unter Schmerzen reißt und blutet. Aber keine Angst, so schlimm ist es nicht. Das Jungfernhäutchen ist eine elastische, dünne Haut am Scheideneingang. Sie hat auch eine Öffnung. Die meisten Mädchen benutzen schon vor dem ersten Sex Tampons, davon kann das Häutchen manchmal einreißen. Wie stark das Jungfernhäutchen blutet, wenn es beim ersten Geschlechtsverkehr reißt, ist unterschiedlich. Ist der erste Sex mit Schmerzen verbunden, liegt das weni-

>> Ich bin nicht nur total verliebt in Stefan, sondern habe auch völliges Vertrauen in ihn und empfinde ganz viel Zärtlichkeit für ihn. Da war es ganz selbstverständlich, dass wir miteinander schliefen. <<

Leonie, 16

ger am Jungfernhäutchen, sondern eher an der Anspannung. Die Scheidenmuskulatur verkrampft sich dann und die Scheide wird nicht feucht. Dann ist es auch klar, dass das Einführen des Gliedes Probleme bereitet.

Wenn 's nicht klappt

Oft werden ans erste Mal hohe Erwartungen gestellt – und nicht erfüllt.

Meistens ist man entweder zu verkrampft, es ging zu schnell und man kommt nicht zum Orgasmus. Darüber musst du dir keine Sorgen machen. In den meisten Fällen wächst mit der Zunahme an Vertrautheit zum Partner ebenso die Ungezwungenheit bei der Sexualität – und damit die Freude daran.

» Mein erstes Mal war kurz nach meinem 16. Geburtstag. Der Zeitpunkt war gut, denn meine Eltern waren nicht da und wir hatten die Wohnung für uns allein. Am Anfang war ich ein bisschen verkrampft und hatte auch etwas Angst, aber Lars war so lieb und zärtlich, dass ich es nur noch genossen habe. «
Angie, 16

» Die meisten, die ich kenne, behaupten, schon mal mit einem Jungen geschlafen zu haben. Einfach so zum Spaß würde ich das nie tun. Das erste Mal ist etwas ganz Besonderes und das möchte ich nur mit einem Jungen erleben, den ich wirklich liebe. «
Sybille, 17

Info

Liebes-Stellungen

Es gibt verschiedene Arten miteinander zu schlafen. Die „klassische" Stellung ist die, bei der der Junge auf dem Mädchen liegt. Stellung bedeutet dabei, wie die Körper während des Geschlechtsverkehrs einander zugewandt sind. Was dir und deinem Partner am besten gefällt, solltet ihr selbst herausfinden. Erlaubt ist dann alles!

- **Missionarsstellung:** Das Mädchen liegt mit leicht geöffneten Schenkeln auf dem Rücken. Der Junge liegt über ihr, stützt sich rechts und links neben ihrem Körper mit den Armen ab. So können sich beide tief in die Augen sehen und sich voll aufeinander konzentrieren.

- **Löffelchenstellung:** Beide liegen seitlich hintereinander. Mit dem Po kuschelt sich das Mädchen an den Schoß des Jungen. Je weiter sie ihren Oberkörper nach vorn beugt, desto leichter kann er in sie eindringen.

- **Hündchenstellung:** Das Mädchen kniet mit dem Po zum Jungen, stützt sich mit den Händen nach vorn ab. Der Junge steht während dem Geschlechtsverkehr entweder vor dem Bett oder kniet hinter ihr.

- **Wiegestellung:** Das Mädchen sitzt auf den Schenkeln des Jungen. Beide schauen sich an und ihre Oberkörper berühren sich. Sie können sich dabei ganz eng umschlingen.

- **Kerze:** Das Mädchen liegt auf dem Rücken und streckt die Beine senkrecht nach oben. Er kniet sich vor das Mädchen und zieht sie an den Oberschenkeln zu sich.

Sichere Sache

„Das Treffen in der Eisdiele mit ihm war so schön – und es war klar: Heute würde mehr passieren als nur reden ... Dann im Bus, seine Augen, sein süßes Lächeln – innige Küsse. Bei ihm zu Hause ging alles ganz schnell. Und nachher: Der Gummi war verrutscht! Hoffentlich ist nichts passiert, aber die Periode müsste doch auch bald kommen! Es kann ja nichts passiert sein! Oder doch ...?"

Die Macht der Gefühle

Lust und Leidenschaft können so blitzartig überhandnehmen, dass man nicht mehr zum Nachdenken kommt, und der gute Vorsatz zu verhüten ist dann schnell vergessen. Leider haben auch viele Mädchen Hemmungen, ihren Partner darauf anzusprechen.

(K)ein Tabu-Thema?

Obwohl Verhütung heute viel einfacher ist als noch vor 30 Jahren, ist es ein heikles Thema. Dabei ist es so wichtig, offen damit umzugehen. Denn eines ist klar: Du musst dich schützen – vor einer Schwangerschaft und vor der möglichen Übertragung einer Krankheit.

Eine verantwortungsvolle Sache

Für die Verhütung tragen beide Partner die Verantwortung. Damit du keine Angst haben musst, dass doch etwas passiert, solltest du dir vorher mit deinem Partner überlegen, wie ihr verhütet. Denn erst dann könnt ihr den Sex „angstfrei" und entspannt genießen.

Info

Verhütung geht jeden an

Erste sexuelle Erfahrungen finden bei Jugendlichen immer früher statt. Mit den modernen Methoden der Empfängnisverhütung können Mädchen und Jungs den Sex ohne Angst vor einer ungewollten Schwangerschaft genießen. Aber zum Schwangerwerden gehören immer zwei, also tragen auch beide gleich viel Verantwortung, was die Verhütungsfrage angeht. Um eine Entscheidung zu treffen, solltest du die verschiedenen Methoden kennen und auf jeden Fall einen Beratungstermin beim Frauenarzt machen.

Es gibt viele Verhütungsmittel mit ganz unterschiedlichen Wirkungen:

- Mechanische Verhütungsmittel oder Barrieremethoden verhindern, dass die Spermien die Eizelle erreichen bzw. der Samen in die Scheide gelangt. Dazu zählen die Spirale und das Kondom. Andere sogenannte Barrieremethoden sind das Diaphragma oder die Portiokappe.

- Hormonelle Verhütungsmittel enthalten künstlich hergestellte Hormone, die ähnlich wie die körpereigenen Hormone Gestagen und Östrogen wirken. Sie sind für die Steuerung des Monatszyklus verantwortlich. Die bekannteste Methode ist die Pille, meistens in Form einer Mikropille, einem niedrig dosierten Östrogen-Gestagen-Kombipräparat. Dann gibt es noch den Vaginalring, Verhütungspflaster, Verhütungsstäbchen, die Hormonspirale und die Drei-Monats-Spritze. Die „Pille danach" ist nur für den Notfall gedacht! Sie enthält hoch dosiertes

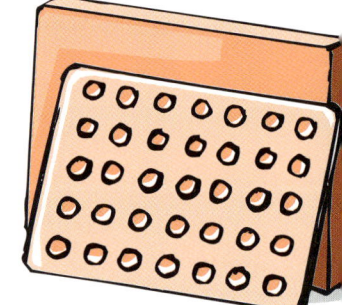

Gestagen und kann die Einnistung der befruchteten Eizelle in die Gebärmutter nach ungeschütztem Sex verhindern.

- Chemische Verhütungsmittel haben Substanzen, welche die Spermien abtöten. Es gibt sie in Form von Cremes, Gel und Scheidenzäpfchen. Allein sind sie zu unsicher, deshalb werden sie oft in Kombination mit der Portiokappe oder dem Diaphragma angewendet. Zusammen mit Kondomen sollte man sie nicht verwenden, weil sie fetthaltig sein können – und Fett lässt Kondome undicht werden.

Und so auf keinen Fall ...

Hast du schon mal etwas von der „Knaus-Ogino-Methode" oder „Coitus interruptus" gehört? Auf solche fragwürdigen „Verhütungsmethoden" solltest du dich nicht verlassen!

Bei der Kalendermethode (Knaus-Ogino-Methode) wird der Zeitpunkt der Periode in einen Kalender eingetragen, um die unfruchtbaren Tage auszurechnen. Diese Methode geht von Schätzungen und Erfahrungswerten aus. Was oft nicht bedacht wird, ist, dass sich die Regel und der Eisprung gerade bei jungen Mädchen oft verschieben.

Beim „Coitus interruptus" muss sich der Junge darauf konzentrieren, den Penis vor dem Samenerguss aus der Scheide zu ziehen. Es können aber schon vorher Spermien aus dem Glied in die Scheide geraten. Viele Jungs sind außerdem viel zu erregt, um das rechtzeitig zu schaffen. Wenn du dich auf die Aussage „Es passiert schon nichts!" einlässt, ist das mehr als fahrlässig.

>> Mein Freund hat mich zum Frauenarzt begleitet. Der hat uns dann erklärt, wie wir am sichersten verhüten. <<

Dorina, 16

Kondome – ein wichtiger Schutz

Zusätzlich zu eurer gewählten Verhütungsmethode solltet ihr zum Schutz vor Geschlechtskrankheiten, vor allem Aids, immer ein Kondom verwenden. Kondome, auch Gummis, Präservative, Pariser, Überzieher genannt, werden aus Latex, dem Saft der Kautschukpflanze, hergestellt und sind das am häufigsten benutzte Verhütungsmittel der Welt. Und bis heute gelten sie auch als einzig sichere Methode zum Schutz vor einer HIV-Infektion und anderen sexuell übertragbaren Krankheiten.

Sorglos im Bett?

Wusstest du, dass über 40 Millionen HIV-infizierte Menschen auf der Welt leben? Und täglich stecken sich etwa 14 000 neu an. Auch in Deutschland steigt die Zahl der Ansteckungen wieder. Trotz Aufklärung ist das Thema Aids scheinbar aus den Köpfen der Menschen verschwunden.

Info

Außer HI-Virus-Infektionen steigt auch die Anzahl der Infektionen durch Pilze, andere Viren und Bakterien. Diese Sexualkrankheiten und -infektionen werden beim Geschlechtsverkehr übertragen.

Das HI-Virus wird über Blut, Sperma und Scheidenflüssigkeit übertragen. Das größte Ansteckungsrisiko besteht beim Drogenkonsum (gemeinsamer Gebrauch von Spritzen) und beim Geschlechtsverkehr.

Pilze, Chlamydien, Syphilis, Tripper, Hepatitis B sind Infektionen, die ebenfalls sexuell übertragen werden. Die wichtigsten Symptome sind eitriger und übel riechender Ausfluss, Juckreiz, Brennen beim Wasserlassen, Bläschen, Beläge in der Scheide, Schuppen im Mund oder an den Geschlechtsorganen. Wenn du solche Anzeichen an dir beobachtest, solltest du auf jeden Fall zum Frauenarzt gehen. Diese Krankheiten müssen immer ärztlich behandelt werden.

Kondom-Regeln

Ein Präservativ ist sehr empfindlich. Wird es beschädigt oder falsch benutzt, können Samenzellen hindurchgelangen. Also Vorsicht mit scharfen Gegenständen oder spitzen Fingernägeln! Achte auf das Verfallsdatum. Und bei aller Sparsamkeit: Ein Kondom darfst du nie zweimal benutzen.

So benutzt du ein Kondom

1. Halte die Verpackungsfolie mit einer Hand an der Aufreißnaht fest. Mit dem Daumen und Zeigefinger der anderen Hand schiebst du das Kondom in der Verpackung zur Seite, dann wird es beim Öffnen nicht beschädigt. Jetzt kannst du die Packung aufreißen.

2. Schieb die Vorhaut deines Freundes vor dem Aufsetzen des Kondoms so weit wie möglich nach hinten. Nimm das Kondom am Auffangbehälter (Reservoir) zwischen Daumen und Zeigefinger. Setze es auf die Eichel seines steifen Gliedes und pass auf, dass der Rollrand nach außen zeigt.

3. Halte das Kondom am Reservoir gut fest und roll es dann mit Daumen und Zeigefinger der anderen Hand so weit es geht ab. Es ist wichtig, dass der Auffangbehälter an der Gliedspitze übersteht. Dort sammelt sich nach dem Samenerguss das Sperma.

4. Nach dem Sex sollte dein Freund seinen Penis aus deiner Scheide ziehen, bevor seine Erektion nachlässt. Dabei soll er das Kondom am Rollrand festhalten, damit es beim Rausziehen nicht abrutscht.

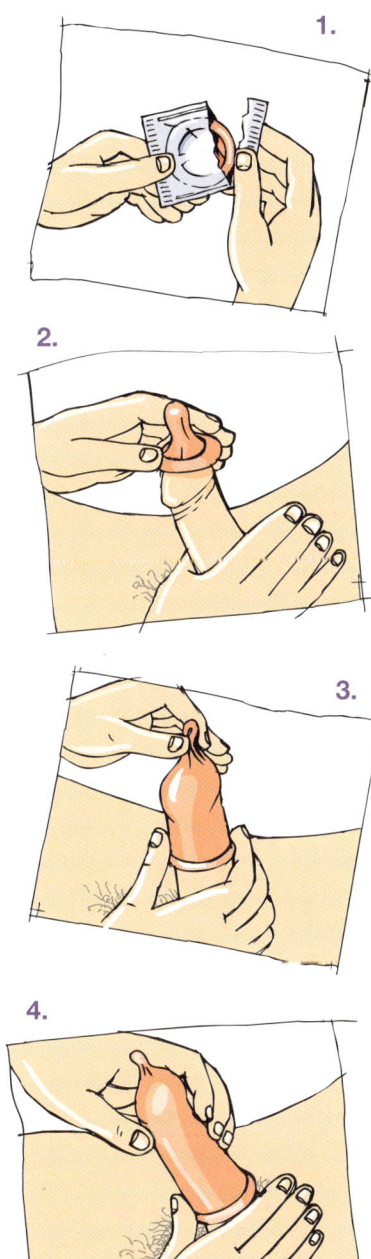

1.

2.

3.

4.

Verhütungsmethoden auf einen Blick

Hier erfährst du, welche Vor- und Nachteile
die verschiedenen Methoden haben:

Verhütungsmittel	Wirkungsweise
Minipille	Verändert die Schleimhaut in der Gebärmutter. So kommen die Spermien nicht durch und ein befruchtetes Ei kann sich nicht einnisten.
Mikropille	Verändert die Schleimhaut in der Gebärmutter. Verhindert den Eisprung.
Spirale	Verhindert das Einnisten des befruchteten Eis.
Chemische Mittel	Bilden einen zähen Schleim vor dem Muttermund. Töten Spermien im Muttermund ab.
Kondom	Verhindert eine Befruchtung durch Auffangen der Samenflüssigkeit.

Vorteile	Nachteile	Geeignet
Relativ sicher.	Nebenwirkungen möglich. Muss pünktlich eingenommen werden.	Für Mädchen und Frauen auch mit Östrogenunverträglichkeit (z. B. mit Migräneanfällen).
Extrem sicher und einfach anzuwenden.	Nebenwirkungen möglich. Muss regelmäßig eingenommen werden.	Für Mädchen und Frauen.
Wirkt mehrere Jahre. Sehr sicher.	Starke Blutungen, Unterleibsinfektionen, Bauchkrämpfe	Frauen, die schon ein Kind geboren haben.
Gibt es ohne Rezept überall zu kaufen.	Können zu Reizungen in der Scheide oder am Penis führen. Unsicher als alleiniges Verhütungsmittel.	Für Mädchen und Frauen.
Nicht gesundheitsschädlich, schützt vor Geschlechtskrankheiten.	Nur sicher bei richtiger Anwendung.	Für Mädchen und Frauen.

Bin ich schwanger?

Eigentlich dürfte „es" nicht sein – doch, wenn die Regel ausbleibt, kommt die Angst, dass doch etwas passiert sein könnte. Selbst wenn du verhütet hast, können Zweifel kommen: Pille vergessen? Kondom verrutscht?

Erste Anzeichen

Neben dem Ausbleiben der Periode gibt es meist weitere spürbare Veränderungen. Die Brüste spannen und Übelkeit, vor allem am Morgen, tritt auf. Viele Mädchen oder Frauen haben einen Heißhunger oder auch Widerwillen gegen bestimmte Speisen und andere sind besonders geruchsempfindlich. Auch Müdigkeit oder Schläfrigkeit können erste Anzeichen sein. Diese Veränderungen rühren daher, dass der Körper große Mengen der Hormone Progesteron und Östrogen produziert, um sich auf die Schwangerschaft vorzubereiten.

>> Ich bin schon zwei Tage drüber ... Ist vielleicht beim letzten Mal was passiert? Soll ich zum Arzt gehen? <<
Denise, 15

Verschaff dir Klarheit

Weil die Regel auch aus anderen Gründen, wie Krankheit oder Stress, ausbleiben kann, musst du dir erst einmal Klarheit darüber verschaffen, ob überhaupt eine Schwangerschaft besteht – durch einen Schwangerschaftstest aus der Apotheke oder einen Termin beim Frauenarzt.

Schwangerschaftstests

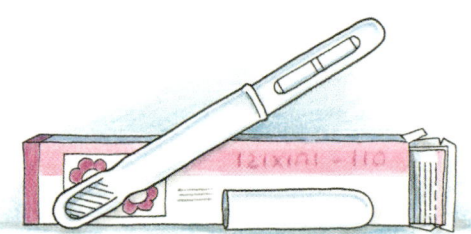

Einen Schwangerschaftstest kannst du ganz leicht selbst zu Hause durchführen. Die Tests aus der Apotheke sind sehr zuverlässig – ihre Sicherheit liegt bei über 99 Prozent. Ein Test kostet zwischen acht und 15 Euro.

Wie funktioniert ein Test?

Ist es zu einer Befruchtung gekommen, bildet der Körper ein Schwangerschaftshormon, das im Urin enthalten ist. Du hältst den Test (ein Stäbchen oder eine Karte) in eine kleine Menge deines Urins, am besten morgens nach dem Aufstehen. Wenn du schwanger bist, zeigt sich innerhalb einer Minute je nach Test eine blaue Linie oder ein kleines Kreuz.

Tatsächlich schwanger – und nun?

Wenn „es" tatsächlich wahr ist – was dann? Manchen Mädchen fällt die Entscheidung, ihr Baby zu bekommen, leicht. Andere fühlen sich hin- und hergerissen zwischen Freude und Panik. Wie soll es weitergehen?

Eine schwere Entscheidung

Überlege dir, mit wem du vernünftig und in aller Ruhe reden kannst. Vielleicht reichen Gespräche mit deinen Eltern und deinem Freund schon aus, um eine Entscheidung zu treffen. Lass dich aber auf keinen Fall unter Druck setzen.

Du wirst dir viele Fragen stellen müssen: Schaffe ich es, jetzt und für lange Zeit für mein Kind die Verantwortung zu tragen? Unterstützen mich meine Eltern und Freunde? Traue ich mir das zu oder ist ein Schwangerschaftsabbruch besser? Aber da wächst doch ein Leben in mir heran – möchte ich das wirklich beenden? Gibt es Alternativen für mich?

Recht auf Beratung und Hilfe

Wenn du mit niemandem sprechen kannst, nimm die Hilfe einer Beratungsstelle in Anspruch. Als minderjährige Mutter hast du einen gesetzlichen Anspruch auf

» Für mich war sofort klar, dass ich mein Kind bekomme. Glücklicherweise unterstützten mich meine Eltern. «
Sara, 17

95

Info

Die Adoption

Wenn du dein Kind zur Adoption freigeben willst, kann dir eine Adoptionsvermittlungsstelle (im Jugendamt) weiterhelfen. Es gibt verschiedene Adoptionsmöglichkeiten. Frage in der Vermittlungsstelle des für deine Region zuständigen Jugendamts danach.

Unterstützung. Diese Anlaufstellen können dir bei all deinen Fragen weiterhelfen: das Jugendamt, pro familia, Caritas oder die Schwangerschaftsberatung der Arbeiterwohlfahrt (Adressen findest du im Anhang).

Der Schwangerschaftsabbruch

In Deutschland ist eine Abtreibung nur unter bestimmten Bedingungen erlaubt. Du darfst innerhalb der ersten zwölf Wochen nach der Empfängnis abtreiben, wenn du vorher bei einer anerkannten Beratungsstelle warst und danach noch mindestens drei Tage darüber nachgedacht hast. Natürlich ist ein Abbruch auch erlaubt, wenn durch die Schwangerschaft das Leben oder die Gesundheit der Mutter gefährdet ist. Hat eine Vergewaltigung stattgefunden, ist ein Schwangerschaftsabbruch auch in den ersten zwölf Wochen erlaubt; es besteht keine Beratungspflicht.
Es gibt verschiedene Methoden der Abtreibung.
Eine Schwangerschaft kann durch einen chirurgischen Eingriff oder durch die Abtreibungspille abgebrochen werden.

Es gibt noch andere Möglichkeiten

Wenn du das Baby bekommen möchtest, aber von deiner Familie nicht unterstützt werden kannst, gibt es die Möglichkeit, in einem Mutter-Kind-Wohnheim unterzukommen. Dort wirst du von einer Sozialarbeiterin unterstützt und begleitet. Wie du an einen solchen Platz kommst und wo es in deiner Nähe ein solches Wohnheim gibt, kannst du in sozialen Beratungsstellen erfahren. Welches Jugendamt für deine Region zuständig ist, kannst du auf deiner Gemeinde nachfragen.

Wie sich ein Baby im Mutterleib entwickelt

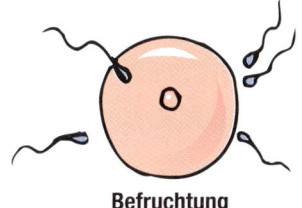

Befruchtung

Drei Tage nach der Verschmelzung von Samen- und Eizelle wandert ein Zellhaufen – noch viel kleiner als ein i-Pünktchen – durch den Eileiter zur Gebärmutter.

Nach sechs Wochen misst der Embryo etwa zwei Zentimeter. Die inneren Organe fangen an sich zu entwickeln und funktionieren schon – allen voran Herz und Gehirn.

Nach 3 bis 4 Tagen

Ab dem dritten Monat bewegt sich das Ungeborene fast schwerelos im Fruchtwasser. Gleichgewichts- und Tastsinn empfangen Signale aus der Umwelt.

Nach 1 Woche

Ab dem vierten Monat arbeitet das Gehör. Der Körper hat jetzt ca. 16 Zentimeter Umfang.

Nach 4 Wochen

Ab dem fünften Monat wachsen Haare und Fingernägel. Ab und zu lutscht das Kleine am Daumen. Es turnt herum und trainiert dabei seine Muskeln. Seine Haut ist mit einer Schutzschicht überzogen, der sogenannten Käseschmiere.

Im 6. Monat

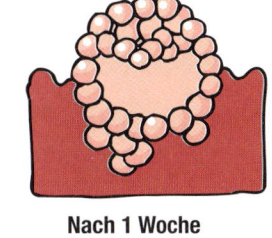

Ab dem achten Monat beginnen Wimpern und Augenbrauen zu wachsen. Das Baby reagiert auf Geräusche und Musik. Es legt an Armen und Beinen Fettpolster an.

Im neunten Monat ist es ca. 2500 Gramm schwer und etwa 45 Zentimeter lang. Es liegt kopfüber – bereit zur Geburt.

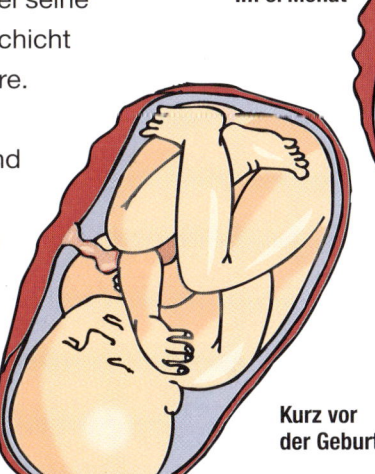

Kurz vor der Geburt

Hallo, Kleines ...

Eine ungewollte Schwangerschaft ist ein Schock und viele junge Mädchen sind erst einmal ratlos.

Das Kondom ist verrutscht oder gerissen. Die Pille wurde genommen, aber da waren die drei Tage mit Durchfall … Es gibt viele Pärchen, die in einer ähnlichen Situation sind wie Cindy (16) und Tom (17) heute.

Cindy liegt auf dem Bett und starrt vor sich hin. Tom, ihr Freund, sitzt an der Stuhlkante und trommelt mit den Fingern auf die Tischplatte, als wolle er sich selbst Mut machen. „Hey, Maus, das letzte Mal hast du deine Tage auch erst später gekriegt und es war auch nichts. Jetzt beruhige dich mal …"

Cindy starrt weiter ins Leere. „Aber diesmal ist es irgendwie anders, Tom!" – „Wie anders?" – „Na, anders halt. Es fühlt sich anders an." Toms Trommeln wird lauter. „Aber du kannst doch gar nichts spüren. Verdammt, deine Periode ist doch jetzt gerade mal fünf Tage überfällig."

Cindy legt die Hände auf den Bauch. Die Wände um sie herum scheinen plötzlich zu schwanken. Die Gedanken drehen sich: Spielen im Sandkasten – Ausbildungsplatz – Babygeschrei – die Eltern – das Baby im Arm – Zukunft gelaufen – dem Kind was bieten wollen – kleine Familie …

Nach einer Woche hat Cindy ihre Regel immer noch nicht. Sie hat sich mit Tom im Badezimmer eingeschlossen. Auf dem Waschbecken liegt ein Schwangerschaftstest. „Sieh du nach, Tom, ich kann nicht hinschauen." Tom schielt auf den Teststreifen und knistert mit dem Beipackzettel. „Zwei Streifen. Der eine sagt, dass der Test funktioniert hat und der zweite bedeutet … positiv …" Es ist still im Badezimmer. Irgendwann nimmt Cindy Toms Hand.

Sie beschließen mit Toms Mutter zu reden. „Meine Eltern drehen durch!", sagt Cindy. Toms Mutter schnappt zwar auch erst nach Luft, aber dann setzt sie sich mit den beiden hin und sie reden. Den Gedanken, ein Baby im Arm zu halten, findet Cindy wunderschön. „Wie die aus der Klasse schauen würden, wenn ich mit einem dicken Bauch kommen würde?", denkt sie. Toms Mutter fasst Cindy am Arm. „Cindy, ein Kind ist kein Objekt, das man herzeigt und dann wieder in die Ecke stellt. Ein Kind kann auch ziemlich nervig sein." Cindy seufzt. „Ach, das weiß ich doch auch!"

Ein paar Tage später haben beide einen Termin bei einer Beratungsstelle. Inzwischen waren sie beim Frauenarzt und wissen, dass Cindy in der vierten Schwangerschaftswoche ist. Die Beraterin fragt, wie sie sich ihre Zukunft vorstellen. Sie besprechen, auf was sie alles verzichten müssten, wenn sie das Kind bekämen, aber auch, was daran schön wäre.

Am Ende wissen beide, welche finanzielle Unterstützung sie bekommen könnten und wie Cindy ihre Ausbildung machen und trotzdem Mutter sein könnte. Beide haben das Gefühl, dass in ihre Gedanken etwas Ordnung gekommen ist. Wie sie sich entscheiden sollen, wissen sie zwar noch nicht, aber sie haben nächste Woche einen zweiten Termin bei der Beraterin.

Tipp

Reden hilft!

Möglichst schnell darüber zu reden – mit einer Vertrauensperson oder einer fachlichen Beraterin – ist zunächst das Allerwichtigste, wenn du ungewollt schwanger geworden bist.

Lesbische und homosexuelle Liebe

Wenn du dich verliebst, spielt es keine Rolle, ob du deine Liebe einem Mädchen oder einem Jungen schenkst. Verliebtheit hat einzig und allein mit dem Wunsch nach Zweisamkeit zu tun. Es geht um Vertrauen, Verständnis, gegenseitige Unterstützung, Toleranz, aber auch um sexuelle Begierde – völlig unabhängig vom Geschlecht des Partners.

Von Frau zu Frau

Empfindest du zärtliche Gefühle für ein Mädchen? Vielleicht kannst du deine sexuellen Fantasien nicht verstehen. Oder du hast Panik, dass man dir deine Gefühle ansieht, und kämpfst dagegen an. Hast du Angst, dich bloßzustellen oder abgewiesen zu werden, wenn du das Bedürfnis hast, deine Freundin zu streicheln oder zu küssen? Aber

>> Heute hat mir Alice von Marco erzählt. Das ist der Junge, in den sie sich verknallt hat. Sie haben sich das erste Mal geküsst. Alice war so glücklich und ich so schrecklich traurig. Sie ist meine beste Freundin, aber von meinen Gefühlen weiß sie nichts! Jedes Mal, wenn wir uns umarmen, weiß ich, bei ihr ist es nur Freundschaft – aber bei mir ist es mehr! Manchmal stelle ich mir vor, sie auf den Mund zu küssen. Ist das normal? Warum interessieren mich keine Jungs? Bin ich vielleicht lesbisch? <<

Melanie, 15

wer weiß – vielleicht geht es ihr ja genauso? Und wenn nicht, dann triffst du bestimmt irgendwann ein Mädchen, das für dich dasselbe empfindet.

Bin ich lesbisch?

Viele Mädchen und Jungs haben in der Pubertät lesbische und schwule Gedanken. Das ist völlig normal und gehört zur sexuellen Reifeentwicklung dazu. Für manche Jugendliche ist das nur eine vorübergehende Episode. Andere merken im Laufe der Zeit, dass diese Gefühle bleiben, und erkennen, dass sie lesbisch oder schwul sind. Manche fühlen sich sogar zu beiden Geschlechtern hingezogen.

Coming-out

Das Coming-out ist der Moment, in dem du dir selbst eingestehen kannst, dass du lesbisch bist. Das kann dein Gefühlsleben ganz schön durcheinanderwirbeln und für einige Verwirrung sorgen. Immerhin scheint das ganze Leben auf heterosexuelle Liebe ausgerichtet zu sein. Die Medien, die eigene Familie, das Flirtverhalten der Freunde – alles um dich herum scheint dir zu sagen: Du bist anormal! Doch wenn du dich „geoutet" hast, findest du auch schneller Kontakt zu „Gleichgesinnten" und merkst, dass es gar nicht wenigen so geht wie dir.

Hier findest du Unterstützung

Die gesellschaftliche Anerkennung Homosexueller ist auch heute noch nicht vollständig in die Praxis umgesetzt. Wenn du allein nicht klarkommst, kannst du dich in vielen Städten homosexuellen Jugendgruppen anschließen (Im Anhang findest du Adressen). Hier lernst du Mädchen kennen, die in derselben Situation sind wie du.

Tipp

Kein Versteckspiel mehr?

Vielleicht haben deine Eltern Angst vor Gerede oder deine Freundinnen fühlen sich angemacht, wenn du aus deiner sexuellen Neigung kein Geheimnis mehr machst. Entschließt du dich zur Offenheit, dann versuche ihnen klarzumachen, dass du deswegen kein anderer Mensch geworden bist. Ihr seid trotzdem ganz „normale" Freunde, denn auch eine Lesbe hat ihren ganz „eigenen Typ", auf den sie steht – wie Heterosexuelle auch. Viele, die sich geoutet haben, sind froh, endlich sie selbst sein zu dürfen.

Tipp

Abschiedsrituale

- Packe alles weg, was dich an ihn erinnert.
- Schreibe auf, was du über deinen Ex denkst, und zerreiße diesen Brief danach in kleine Stücke. Damit befreist du dich symbolisch von altem Ballast.
- Falls er dir nicht aus dem Kopf geht, notierst du seine negativen Eigenschaften. Dadurch erinnerst du dich an die nicht so schönen Momente und gewinnst Abstand.
- Immer wenn dich der Liebeskummer packt, schaust du auf die Negativ-Liste.

Aus und vorbei!

„Gestern Abend war doch noch alles okay!? Wir waren zusammen auf der Party, haben getanzt, geschmust und gelacht! Heute sagt er mir, dass Schluss ist! Ich glaube das einfach nicht! Wieso? Ich verstehe es nicht! Warum tut er mir das an? Es gibt doch gar keinen Grund! Ich liebe ihn doch – und ich dachte, er liebt mich auch ...“

Die Welt gerät ins Wanken

Die Gedanken wirbeln in deinem Kopf herum, du hast einen übermächtigen Kloß im Hals und könntest nur noch weinen. Du gehst alles noch einmal in Gedanken durch, versuchst dich an jedes seiner Worte zu erinnern und sie genau zu analysieren. Du kannst es einfach nicht verstehen. Vielleicht suchst du die Schuld bei dir, denkst, du hast etwas falsch gemacht. Oder dich quälen Selbstzweifel und du glaubst, du bist nicht attraktiv genug.

Es tut so weh!

Gefühle können sich verändern. Manchmal schleichend, manchmal plötzlich und unvorhersehbar über Nacht. So kann es passieren, dass eine große Liebe zu Ende geht. Derjenige, der verlässt, hat nie mit so schlimmem Liebeskummer zu kämpfen wie der, der verlassen wird. Liebeskummer tut sehr weh und die nächsten Tage und Wochen sind vermutlich die Hölle für dich. In diesem Fall nützen auch Worte wie „Die Zeit heilt alle Wunden“ nicht viel.

Tipps gegen Liebeskummer

1. Weine, wenn dir danach ist. Es ist wichtig, dass du deine Gefühle zu- und rauslässt. Das hilft dir, deinen Kummer besser zu verarbeiten – wenn auch nur langsam.

2. Bringe kein Verständnis für deinen Ex auf! So kommst du nicht über ihn hinweg. Wut lässt dich den ersten Schmerz schneller überwinden.

3. Rede dir den Kummer von der Seele. Eine echte Freundin hört sich deine Geschichte auch zehnmal hintereinander an. Dafür sind Freunde da. Immer, wenn du versucht bist ihn anzurufen, rufe deine Freundin an. Sie wird dir helfen und versuchen, dich wieder aufzubauen und so gut wie möglich zu unterstützen.

4. Verkriechen nützt nichts: Du musst raus. Um dein Selbstwertgefühl wieder herzustellen, brauchst du Leute um dich herum. Also geh weg, auch wenn dir nicht danach ist. Ablenkung ist ein wirksames Mittel. Verabrede dich mit Freunden, gehe ins Kino, zum Eisessen, ins Konzert, setz dich selbst so unter „Freizeitstress", dass dir fast keine Zeit mehr zum Nachdenken bleibt.

5. Absolut verboten: ihm nachlaufen, Briefe oder SMS schreiben, heimlich um sein Haus schleichen.

Blöde Anmache

Sexualität hat auch dunkle Seiten. Sie reichen von psychischer Abhängigkeit über sexuelle Belästigung bis zu Gewalt und Missbrauch. Sexuelle Übergriffe passieren leider alltäglich und äußern sich in Worten und Taten.

Mulmige Gefühle

Da ist dieser Mann, der dich ständig so komisch anschaut. Der Sporttrainer, der immer dann in die Umkleidekabine kommt, wenn du gerade in BH und Slip dastehst. Dein Onkel, der jedes Mal auf der Familienfeier total peinliche Bemerkungen über deinen Körper macht. Die Jungs aus deiner Klasse, die dich mit Angrapschen oder Pfiffen und Bemerkungen belästigen.

Sexuelle Übergriffe haben viele Formen

Viele Mädchen sind bei unanständigen Witzen peinlich berührt oder empfinden es als unangenehm, wenn ein erwachsener Mann wie zufällig ihren Arm berührt. Andere fühlen sich erst durch anzügliche Bemerkungen angemacht. In jedem Fall werden dabei deine persönlichen Grenzen überschritten. Der Täter will dabei sein Bedürfnis nach Kontrolle und Macht befriedigen. Es ist dabei egal, wie alt die Person ist, die dir das antut. Es können fremde Erwachsene sein, aber auch Bekannte, Verwandte und Jugendliche in deinem Alter.

Du bist nicht schuld!

Wie reagierst du in einer solchen Situation? Versuchst du, deine Angst zu überspielen oder zu verdrängen? Du darfst

auf keinen Fall mit diesen schlimmen Erlebnissen allein bleiben! Wende dich an eine Person, der du vertraust – deine Eltern, eine Lehrerin oder eine Beratungsstelle (Adressen im Anhang). Und vergiss nie: Du bist nicht schuld, sondern einzig und allein die Person, die die Grenzen überschreitet!

Warum du?

Ein Täter vergreift sich meistens an ängstlichen Opfern. Das heißt, er probiert erst einmal, ob du dich wehrst, ob du selbstbewusst bist oder ängstlich und unsicher. Er rechnet also mit deiner Naivität und Hilflosigkeit. Wenn du weißt, wie du am besten auf solche Typen reagierst, kannst du dich davor schützen. Wenn du belästigt oder angemacht wirst, sage klar und deutlich: „Lass mich in Ruhe!", „Geh weg!", „Ich erzähle es allen anderen!" Um dein Sicherheitsgefühl zu stärken, kannst du auch einen Selbstverteidigungskurs machen.

Tipp

SOS-Tipps für den Notfall:

- Bemerkst du, dass du verfolgt wirst, dann renne – aber nicht planlos! Flüchte dich am besten in ein Restaurant oder eine Kneipe – dahin, wo viele Menschen sind.
- Weg von der Autotür! Sollte dich ein Autofahrer nach dem Weg fragen, bleib in sicherem Abstand. Es ist schon passiert, dass Mädchen ins Auto gezogen wurden.
- Hast du ein Handy, sollte es vor und nach der Schule immer eingeschaltet sein. Wähle den Polizei-Notruf 110, der auch dann noch funktioniert, wenn dein Handyguthaben ausgeschöpft ist.
- Ein Verteidigungsspray kann versagen oder du hast es nicht griffbereit. Schleudere dem Angreifer lieber einen großen Schlüsselbund oder einen anderen, harten Gegenstand ins Gesicht.
- Du darfst dich im Notfall mit allen Mitteln wehren: Beiße, kratze oder trete ihm in die Genitalien.

So schön bist du!

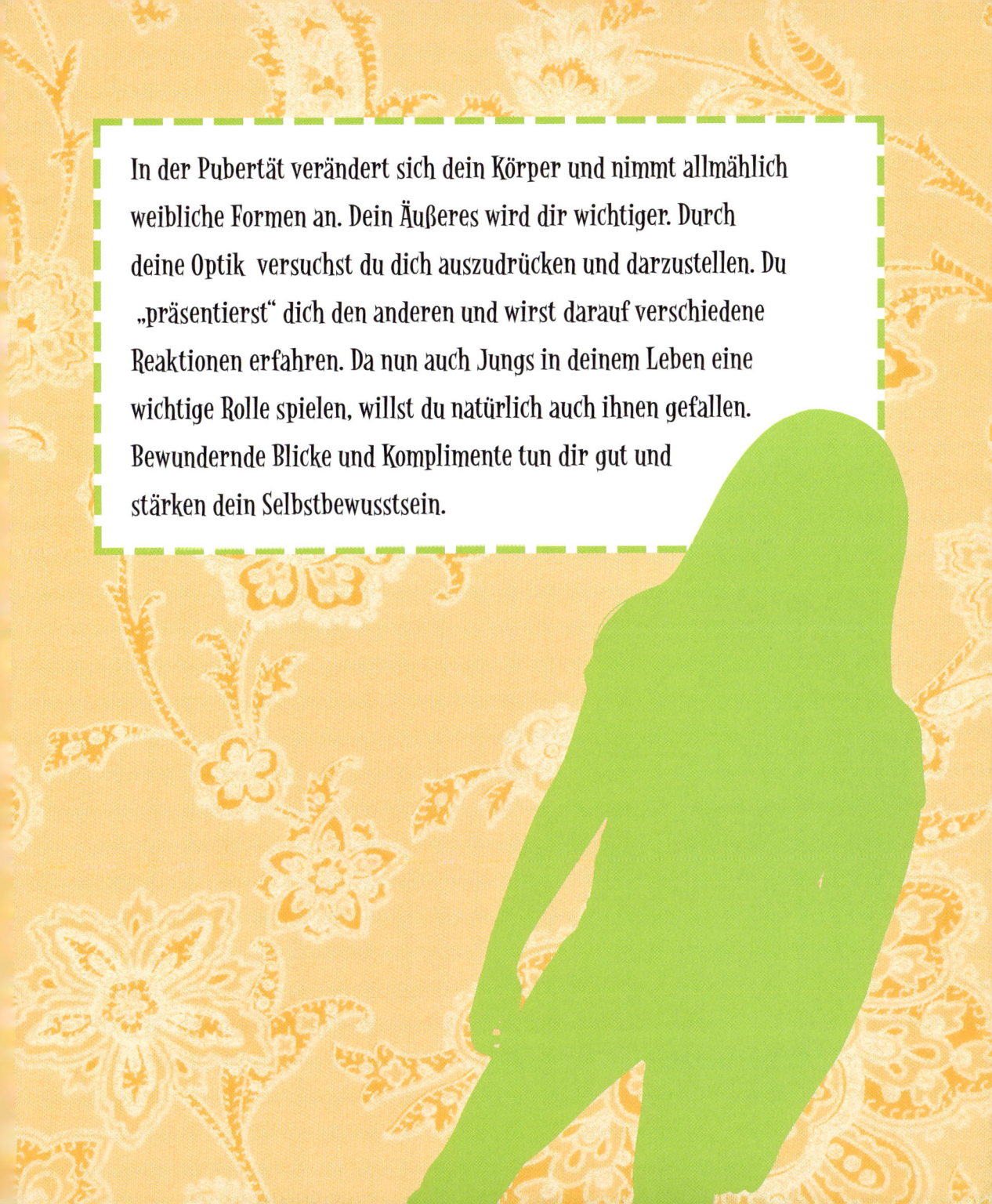

In der Pubertät verändert sich dein Körper und nimmt allmählich weibliche Formen an. Dein Äußeres wird dir wichtiger. Durch deine Optik versuchst du dich auszudrücken und darzustellen. Du „präsentierst" dich den anderen und wirst darauf verschiedene Reaktionen erfahren. Da nun auch Jungs in deinem Leben eine wichtige Rolle spielen, willst du natürlich auch ihnen gefallen. Bewundernde Blicke und Komplimente tun dir gut und stärken dein Selbstbewusstsein.

Spieglein, Spieglein an der Wand ...

... wer ist die Schönste im ganzen Land? Im Märchen fällt die Antwort ganz leicht und eindeutig aus – natürlich Schneewittchen. Aber in der Realität ist es viel komplizierter. Denn was ist Schönheit überhaupt? Darauf gibt es keine eindeutige Antwort. „Schönheit liegt im Auge des Betrachters", sagt man. Das bedeutet, dass jeder Mensch etwas anderes schön findet. Ob ein Mensch als attraktiv wahrgenommen wird, hat außerdem auch viel mit seiner Ausstrahlung zu tun.

»Ich bin keine Modetussi.«

Probieren erlaubt

Die Modemacher und die Kosmetik-industrie präsentieren uns ständig neue Trends. Da ist es manchmal ziemlich verwirrend und schwer, sich zurecht-zufinden. Es ist deshalb völlig in Ordnung, wenn du erst einmal ausprobierst und dich dabei an anderen orientierst.

Finde deinen Stil

Doch nur weil knallrote Haare oder dunkel geschminkte Augen an deinem Idol oder einer Freundin toll aussehen, muss dieser Look nicht auch zu dir passen. Denn dein Äußeres ist so individuell wie deine Persönlichkeit. Du musst dich mit dei-nem Styling wohlfühlen. Die Kunst dabei ist, bei der Kleidung und dem Make-up deinen eigenen, unverwechselbaren Stil zu finden und dei-nen Typ dadurch zu unterstreichen.

»» Für Sabine und mich ist gutes Ausehen sehr, sehr wichtig. ««
Julia, 14

Schönheit - mehr als ein perfektes Äußeres

Schönheit besteht aber nicht nur aus der Optik. Ein toller Körper oder ein hübsches Gesicht allein reichen nicht aus, um dich interessant zu machen. Schönheit hat auch viel mit deinem Wesen, also mit deiner ganz persönlichen Ausstrahlung, zu tun. Nicht makellose Schönheit ist es, was einen Menschen anziehend und liebenswert macht. Mädchen, die natürlich sind, Gefühle zeigen, Humor haben, wirken attraktiv.

Du bist klasse!

Was magst du an dir und was finden deine Freunde toll an dir? Denk mal darüber nach und du wirst feststellen, dass es vieles gibt, was dich einzigartig macht. Keiner ist rundum mit sich zufrieden. Es wird immer jemanden geben, der vielleicht weißere Zähne oder eine schönere Haut hat. Na und? Andere beneiden dich vielleicht um etwas, was sie meinen nicht zu haben. Wenn du das nächste Mal die tolle Figur eines Mädchens bewunderst, dann denk nicht: „Sie hat eine schönere Figur als ich", sondern: „Sie hat eine schöne Figur!". Zwei kleine Buchstaben und Wörter weniger und schon hast du die Entwertung deines eigenen Aussehens vermieden.

> An manchen Tagen finde ich mich selbst gar nicht so schlecht. Dann schaue ich mich gern im Spiegel an.
>
> Caro, 14

Empfindsame Haut

Schon unser Sprachgebrauch macht deutlich, wie wichtig die Haut ist: Wenn wir wütend sind, könnten wir „aus der Haut fahren" und manchmal erleben wir Gefühle, die „unter

---

Vier Wege sich schön zu finden

1. Probiere mit deiner Freundin verschiedene Make-ups aus. Was zu dir passt, kann sie bestimmt beurteilen. Ein schönes Make-up bringt deine Vorzüge optimal zur Geltung und gibt dir ein gutes Gefühl.
2. Nimm Komplimente ernst! Sie tun der Seele gut. Menschen, die dir ein Kompliment machen, meinen es in der Regel ernst. Genieße es!
3. Suche ein Bild von dir heraus, auf dem du dir gut gefällst. Immer wenn du es ansiehst, wirst du merken, dass du wirklich hübsch bist. Ausreden zählen dann nicht mehr – immerhin hast du ein Beweismittel: dein Bild!
4. Durchstöbere deine Outfits. Probiere verschiedene Farben an und schau, was dir gefällt. Trage nie etwas, in dem du dich unwohl fühlst, auch wenn es gerade cool ist.

die Haut gehen". Unsere Haut und Psyche sind eng miteinander verbunden. Die Haut ist auch unser größtes Organ. Je nach Körpergröße bedeckt sie bei einem erwachsenen Menschen eine Fläche von ungefähr 1,5 bis 2 Quadratmetern und hat ein Gewicht von 10 bis 12 Kilogramm.

Ein wahres Wunderwerk

Mithilfe deiner Haut spürst du Wärme und Kälte, Sonne, Wind und Nässe. Du kannst Dinge ertasten, empfindest Schmerz und Berührungen. Sie hilft beim Atmen, der Ausscheidung von Schadstoffen und dem kompletten Stoffwechsel. Sie bildet ständig neue Zellen und erneuert sich in nur vier Wochen komplett.

Seelenspiegel

Deiner Haut kannst du nichts vormachen: Sie spiegelt deine Stimmungen wider. Man sieht ihr an, ob du dich richtig ernährst, ob du ausgeglichen oder gestresst bist, ob du ihre Pflege vernachlässigst oder sie nicht genügend geschützt hast. Die Haut ist nicht nur sensibel, sondern auch ziemlich nachtragend. Sorgfältige Pflege dagegen dankt sie dir noch in vielen Jahren.

> Meine Pickel nerven mich ganz schön. Nur wenn ich meine Haut morgens und abends wasche, habe ich sie einigermaßen im Griff.
>
> Annika, 13

Ein strahlender Teint

Eine schöne, gesunde Haut macht attraktiv und selbstbewusst. Sie ist höchst anziehend und man möchte sie streicheln und berühren. Damit das auch so bleibt, musst du sie sorgsam pflegen. Jede Haut ist anders und hat ihre ganz eigenen Bedürfnisse. Die richtige Pflege ist deshalb das A und O auf dem Weg zu schöner Haut.

Welcher Hauttyp bist du?

Um deine Haut optimal zu reinigen und zu pflegen, solltest du deinen Hauttyp kennen.

Der kleine Kosmetiktuch-Test

Bevor du abends ins Bett gehst, wäschst du dein Gesicht mit lauwarmem Wasser ohne Waschlotion und Seife. Creme dein Gesicht danach nicht ein. Am nächsten Morgen nimmst du vor dem Waschen ein dünnes Kosmetiktuch, legst es auf dein Gesicht und drückst es leicht an.

Das Tuch zeigt deinen Hauttyp

- Keinerlei Spuren von Fett → trockene Haut
- Nur an wenigen Stellen Fettspuren → normale Haut
- An vielen Stellen talgige Flecken → fettige Haut
- Vorwiegend an Kinn, Nase, Stirn (der sogenannten T-Zone) fettige Stellen → Mischhaut

So pflegst du deine Haut richtig

Trockene Haut: Sie produziert zu wenig Talg und kann Feuchtigkeit nicht genügend speichern. Sie muss sehr sanft behandelt werden. Verwende eine schonende Reinigungsmilch und lauwarmes Wasser zum Abspülen. Das Gesichtswasser sollte alkoholfrei sein und die Pflegecreme besonders feuchtigkeitshaltig.

Normale Haut: Sie hat einen ausgeglichenen Feuchtigkeitshaushalt. Zur Reinigung kannst du eine leicht rückfettende Waschlotion ver-

wenden und mit viel lauwarmem Wasser nach-
spülen. Das Gesichtswasser sollte alkoholfrei
und die Pflegecreme feuchtigkeitsspendend
sein. Alle vier Wochen ist ein Peeling ratsam.

Fettige Haut: Sie wirkt blass, glänzt ölig und neigt
zu Unreinheiten. Zum Reinigen ist eine Waschlotion
mit leicht austrocknender Wirkung und ein alkoholhalti-
ges Gesichtswasser gut. Cremes sollten nicht zu fettig sein.
Eine wöchentliche Reinigungsmaske klärt und wirkt intensiver, wenn du vorher ein Peeling machst.

Mischhaut: Die T-Zone ist fettig und neigt zu Unreinheiten, die Wangen sind normal oder trocken. Zur
Reinigung eignet sich ein Gel, das du mit viel Wasser
aufschäumst. Zur Pflege ist eine Spezialcreme, die die
trockenen Zonen mit Feuchtigkeit versorgt und die fetti-
gen nicht überfettet, ideal.

Tipp

Pflege-Basics

Um die Gesichtshaut lange schön zu halten, braucht sie ein tägliches Pflegeprogramm.

- **Reinigen:** Zweimal täglich morgens und abends.

- **Wasser:** Trockne deine Haut nach dem Waschen ab.

- **Seife:** Normale Seife trocknet die Haut aus. Besser ist eine Spezialseife mit niedrigem pH-Wert.

- **Reinigungs- und Waschlotionen:** Sie reinigen schonender, weil sie den Säureschutzmantel der Haut
  nicht angreifen.

- **Gesichtswasser:** Es reinigt porentief. Je nach Inhaltsstoff wirkt es antibakteriell, entzündungshem-
  mend, kann Poren verkleinern oder die Haut auf die anschließende Pflege vorbereiten. Ohne Alkohol
  trocknet es die Haut nicht aus.

Pflegeprodukte selbst gemacht

Natürliche und frische Produkte sind eine wahre Wohltat für die Haut.

Kosmetik selbst zu mixen macht großen Spaß und schont den Geldbeutel.

Wohlfühlkompresse für normale Haut

1/2 l Wasser

1 EL getrocknete Lavendelblüten

1 EL getrocknete Kamillenblüten

Das Wasser erhitzen, die Lavendel- und Kamillenblüten dazugeben. Die Mischung zehn Minuten ziehen lassen. Bei angenehmer Temperatur einen großen Waschlappen eintauchen, auswringen und auf das Gesicht legen. Im Liegen ca. zehn Minuten einwirken lassen (ein- bis zweimal wöchentlich).

Blütenmaske für fettige Haut

1/2 l Wasser

1 gehäufter EL Kornblumenblüten

(aus der Apotheke oder

dem Reformhaus)

weiße Tonerde

(aus der Apotheke)

Die Kornblumenblüten mit kochendem Wasser mischen, den Sud auf Körpertemperatur abkühlen lassen.
Die Tonerde einrühren, bis die Blütenmaske dickflüssig wird. Auf das Gesicht auftragen und nach 15 Minuten lauwarm abwaschen (einmal wöchentlich).

Zitronenpeeling für Mischhaut

2 TL geriebene ungespritzte Zitronenschale

6 TL Mandelkleie mit Seesand

2 TL Hafermehl

2–3 EL Wasser

Die Zutaten mischen und glatt rühren. Das belebende Peeling sanft einmassieren. Ein leichtes Spannungsgefühl danach ist normal. Die Haut fühlt sich glatt an und kann die Pflegeprodukte besser aufnehmen (bei Bedarf alle vier Wochen).

Quarkemulsion für trockene Haut

3 EL Sahnequark

1/2 TL Avocadoöl

Vanillepulver

Das Öl in den Sahnequark einrühren, etwas Vanillepulver dazugeben und gut durchrühren. Danach im Kühlschrank aufbewahren. Die Emulsion wird wie eine normale Pflegecreme täglich nach der Gesichtsreinigung aufgetragen.

Tipp

Pickel-Alarm – das hilft!

1. Vorbeugen: Das Gesicht täglich zweimal mit einer milden Seife waschen.

2. Keine fett- oder ölhaltigen Produkte verwenden – sonst verstopfen die Poren.

3. Egal, wie müde du abends bist, das Make-up muss runter!

4. Mache ein- bis zweimal pro Woche ein Peeling – aber nur, wenn die Haut nicht entzündet ist.

5. Nicht an Pickeln herumquetschen, sonst entzünden sie sich noch heftiger und es bleiben häufig Narben zurück.

6. Nimm ein Dampfbad, um die Poren zu öffnen, und desinfiziere den Pickel mit reinem Alkohol (aus der Apotheke). Anschließend stichst du das gelbe Köpfchen vorsichtig mit einer desinfizierten Nadel auf. Mit einem Papiertaschentuch saugst du die ausgetretene Flüssigkeit auf und desinfizierst wieder.

7. Mache zweimal wöchentlich eine Gesichtsmaske gegen unreine Haut.

8. Zitrone ist der Anti-Pickel-Tipp schlechthin: eine Zitrone aufschneiden, mit der Schelbe mehrmals täglich sanft über die betroffenen Stellen streichen und tupfen.

9. Rote-Bete- und Karottensaft sind Pickel-Killer: Trinke täglich zwei Gläser.

10. Achte auf eine gesunde Ernährung.

11. Ein desinfizierender Abdeckstift in deinem Hautton mogelt Pickel weg.

Haupt-Sache gesundes Haar!

Zu kraus, zu strähnig, zu spröde? Jeder hat seine eigenen Haarprobleme! Doch keine Panik: Mit der richtigen Pflege muss eine schöne Mähne kein unerfüllbarer Traum bleiben. Denn für jedes Haar ist ein Kraut gewachsen.

Fettige Haare

Wasche deine Haare so oft wie nötig, aber benutze das richtige Produkt. Shampoos für fettiges Haar sollten weder Proteine noch rückfettende Substanzen, wie z. B. Silikone oder Öle, enthalten. Sie machen das Haar schwer und noch fettiger, als es sowieso schon ist. Geeignet sind Kräutershampoos, deren Gerbstoffe das Kopfhautfett reduzieren. Dauerwellen oder Färben verträgt fettiges Haar super.

Spröde Haare

Du solltest deine Haare nicht zu oft waschen, damit dein natürliches Kopfhautfett eine Chance hat, sich um den Haarschaft zu legen. Bei Cremes, Kuren und Lotionen hast du die Wahl: Alles, was dein Haar schützt und von außen mit Feuchtigkeit versorgt, ist gut. Schlecht dagegen sind Colorationen, Dauerwellen und Styling- produkte mit Alkohol. Sie trocknen die Haare noch mehr aus.

Krause Haare

Ein bisschen Haarwachs oder Klettenwurzelöl zwi- schen den Fingern verreiben – damit kannst du störrische Lockensträhnen bändigen. Nach jeder Wäsche ist eine

Feuchtigkeitskur wichtig und alle vier Wochen ein Spitzenschnitt. Übrigens: Trocken fallen deine Locken anders als nass, deshalb solltest du sie immer in trockenem Zustand schneiden lassen.

Farbspiele

Mädchen haben manchmal Lust auf eine neue Farbnuance in ihrem Haar. Kein Problem – die Auswahl an Tönungen und Colorationen ist riesig.

- Mit Tönungen erreichst du nur geringe Farbunterschiede. Die Eigenhaarfarbe kannst du nur dunkler, nie heller tönen. Eine Tönung wäscht sich nach acht bis zehn Wäschen wieder aus.

- Bei Colorationen wird die äußerste Schuppenschicht des Haares aufgelockert und die Farbmoleküle sowie das Oxidationsmittel werden ins Haarinnere geschleust. Die meisten Colorationen halten je nach Inhaltsstoffen bis zu 24 Haarwäschen oder sind dauerhaft.

- Beim Blondieren müssen die Haare oft aufgehellt werden, bevor der eigentliche Blondton aufgetragen wird. Deshalb ist es besser, eine Blondierung beim Friseur zu machen. Oft sehen Strähnchen natürlicher aus und du umgehst damit den bereits nach zwei bis drei Wochen sichtbaren dunklen Haaransatz.

- Pflanzenfarben können den Naturhaarton nur um Nuancen verändern. Sie halten bis zu acht Wochen.

Tipp

Natürlich färben

Pflanzenfarben pflegen das Haar und ergeben intensive natürliche Farben. Zu den ältesten Haarfärbemitteln gehört Henna, das einen Rotton verleiht. Gibst du Schwarztee dazu, erhältst du einen braunroten Farbton. Kamillentee regelmäßig als Spülung benutzt macht blondes Haar heller und verleiht Glanz. Walnuss verleiht dunklem Haar einen warmen, seidigen Braunton. Mit Salbeitee erhält dunkelblondes oder braunes Haar einen Rotton.

Make me up!

Schminken ist gar nicht so schwer. Puder, Lidschatten, Mascara & Co. sind wahre Zauberkünstler, wenn du sie richtig einsetzt. Die Kunst ist, deine Vorzüge durch ein dezentes, typgerechtes Make-up zu unterstreichen und gekonnt in Szene zu setzen. Kleinigkeiten, die dich stören, kannst du locker wegmogeln. Wenn du einige Tipps beachtest, wirst du ganz schnell zum Beauty-Profi.

Perfekt gedeckt – die Grundierung

Sie ist die Basis der Schminke, denn sie deckt Unebenheiten ab und lässt deine Haut strahlen. Ob dunkel oder hell, fettig oder trocken – es gibt sie für jeden Hauttyp. Der Trick ist, die Grundierung nach der Farbe deines Hauttons auszuwählen. Hat deine Haut eher einen Gelbstich, dann brauchst du eine Grundierung mit gelbem Grundton. Ist sie eher roséfarben, ist eine Grundierung in diesem Unterton besser. Suche das Make-up bei Tageslicht aus (Neonlicht verändert den Farbton) und teste die Farbe am Hals oder der Innenseite deines Handgelenks. Das gilt auch für Puder und Abdeckstift.

So geht's: Trage die Tagescreme vor dem Make-up auf und lasse sie fünf Minuten einwirken.

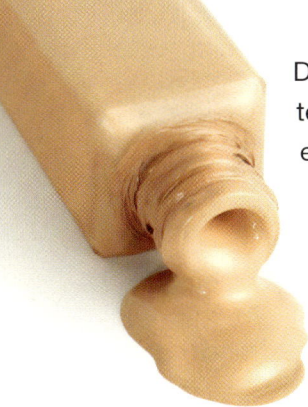

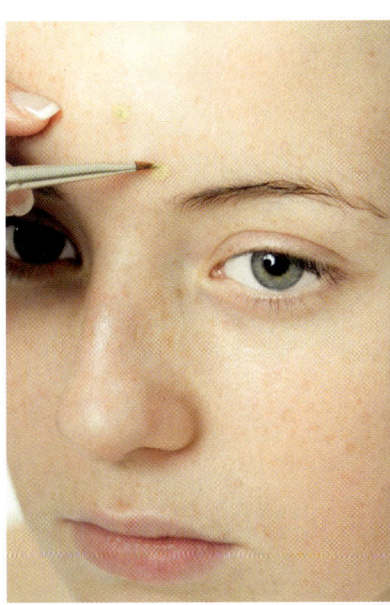

Dann wird dein Make-up nicht fleckig. Verteile die Grundierung gleichmäßig mit einem Schwämmchen und zwar von der Gesichtsmitte nach außen. Vergiss dabei nicht den Haaransatz, den Hals und die kleinen Winkel rund um Nase, Mund und Augen. Zum Schluss kannst mit dem Pinsel einen Hauch Puder drüberstäuben.

Vom Mogeln und Zaubern

Concealer ist für Profi-Stylisten das, was du als „Abdeckstifte" kennst. Sie sind wahre Alleskönner, lassen Augenringe verschwinden, kaschieren Rötungen und Pickelchen. Es gibt sie in halbflüssiger Form, als Stift, in der Tube oder in fester Konsistenz. Egal, welches Produkt du verwendest, klopfe es mit den Fingern sanft in die Haut ein. Den Concealer kannst du unter oder über dem Make-up auftragen.

Puder-Talente

Es gibt losen Puder, Puderblätter oder mattierenden Kompaktpuder. Der lose Puder ist perfekt, wenn es schnell gehen muss. Die Puderblättchen sind geniale Helfer für unterwegs in der Handtasche und der Kompaktpuder ist eher geeignet, wenn du dich perfekt schminken willst. Du kannst ihn mehrmals über die Grundierung auftragen, so verschwindet unschöner Fettglanz.

So geht's: Mit dem Pinsel etwas von dem Puder aufnehmen und über das Gesicht stäuben. Verwendest du ein Pad oder Schwämmchen, hält der Puder länger, weil du ihn auf die Haut drückst. Tupfe den Puder zart über dein Gesicht.

Oval

Eckig

Rund

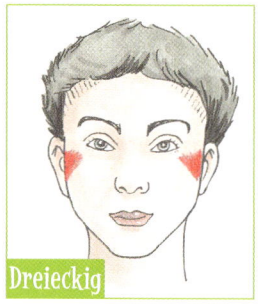

Dreieckig

Rot-Bäckchen

Rouge kann mehr als nur die Wangen färben. Es kann dein Gesicht richtig „modellieren". Rouge gibt es als loses Puder, als Creme und Kompaktrouge.

Kalte Farben, wie rosa oder violett, passen besonders zu blonden und dunkelhaarigen Mädchen. Haben deine Haare einen Rotstich, dann nimm lieber warme Nuancen, wie braun, braunrot und orange. Sie stehen jedem Mädchen. Puderrouge trägst du mit einem Pinsel auf. Cremerouge verteilst du sanft mit den Fingern und beim Kompaktrouge, bei dem die Rougeteilchen in eine feste Form gepresst sind, ist meist ein Pinselchen dabei.

Rouge und Gesichtsform

Oval: Trage das Rouge direkt auf die Wangenknochen auf. Noch ein Tupfer auf Kinn und Schläfen und dein Gesicht wirkt sehr ausdrucksvoll.

Eckig: Du kannst dein Gesicht optisch schmälern, wenn du die Farbe genau unterhalb der Wangenknochen platzierst und großflächig vom Kiefer Richtung Kinn schattierst. Zusätzlich betonst du leicht die Schläfen.

Rund: Setze den Pinsel an der Wange in Ohrhöhe an und ziehe ihn fast bis zum Mundwinkel. Die Rougereste auf dem Pinsel verstreichst du zwischen der Braue und dem Haaransatz.

Dreieckig: Einen Proportionsausgleich schaffst du, wenn du das Rouge flächig am Ansatz der Wangenknochen aufträgst und zusätzlich die Schläfen betonst.

Schöne Augen-Blicke
Mascara

Mit Mascara oder Wimperntusche kannst du deine Wimpern dunkler färben oder optisch verlängern. Deine Augen werden dadurch betont und fallen mehr auf. Wenn du blonde Haare hast, wirkt braune Wimperntusche natürlicher als dunkle, schwarze.

So geht's: Ziehe das Mascara-Bürstchen vom Ansatz in die Spitzen. Biege dabei die Wimpern vorsichtig nach oben, damit sie einen schönen Schwung bekommen. Die Wimpern nicht zu dick tuschen, sonst entstehen sogenannte „Fliegenbeine".

Lidschatten

Farbige Lidschatten zaubern strahlende Augen. Es gibt sie in Puderform und als Cremelidschatten. Puder ist leicht aufzutragen und du kannst die Farben super miteinander mischen. Cremelidschatten eignet sich für schnelle und einfache Effekte. Er verwischt aber auch schneller und setzt sich eher in der Lidfalte ab.

So geht's: Trage die Farbe mit dem Applikator (kleines Schwämmchen) auf das obere Lid auf und verstreiche sie bis zur Lidfalte – immer von innen nach außen. Dunkler Lidschatten sieht am besten aus, wenn die Lider gut sichtbar sind, du also keine Schlupflider hast. Heller Eyeshadow „belebt" das Auge und wirkt besonders bei tiefliegenden und kleinen Augen.

Kuss-Mund

Wenn du eine helle Haut hast, solltest du keine knalligen Farben verwenden. Das macht dich noch blasser. Kühle, blaustichige Töne passen am besten. Zu einem dunkleren Hautton wirkt Koralle oder ein intensives Rot. Ein dezenter rosabrauner Rosenholzton passt sich fast jedem Hauttyp an. Mittlere bis dunkle Farben sind toll für volle Lippen, helle und Schimmerfarben mogeln schmale Lippen voller.

So geht's:

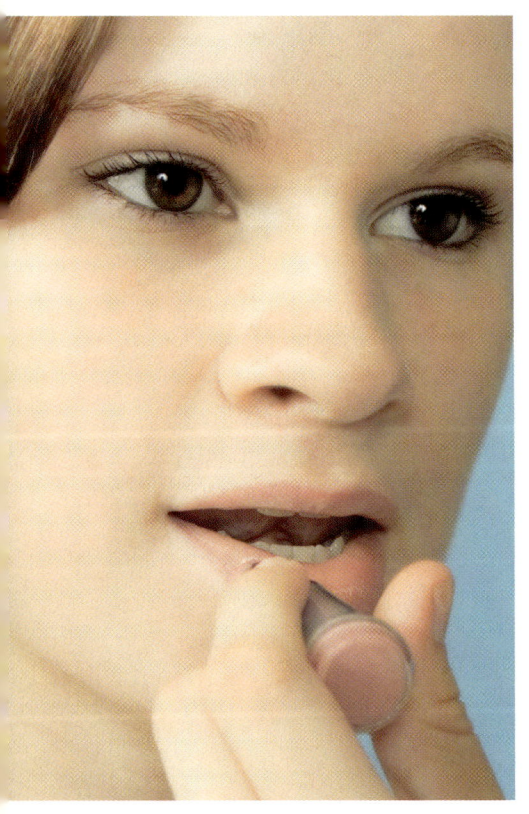

1. Tupfe etwas Make-up-Grundierung auf deine Lippen, dann hält die Farbe besser.

2. Umrande den geschlossenen Mund mit einem Lipliner entlang der Lippenränder. Damit kannst du kleine Unebenheiten korrigieren und deine Lippen wirken voller. Zeichne zuerst die Grundkontur in der Mitte nach, also das Lippenherz, umrande die Mundwinkel und verbinde die Linien miteinander.

3. Nun malst du deinen Mund mit dem Lippenstift aus. Deine Mundwinkel sparst du dabei aus. Gib besonders viel Farbe auf die Mitte der Lippen.

4. Presse deine Lippen auf ein Kosmetiktuch, um die überschüssige Farbe abzunehmen.

5. Tupfe noch etwas Farbe mit dem Lippenstift auf.

Iss dich schön!

Models wissen es längst: Schönheit kommt von innen!
Viele Beauty-Rezepte schlummern in deiner Küche. Es
gibt viel Leckeres, mit dem du dich schönessen kannst …

Äpfel: Sie sorgen für eine glatte, frische Haut und straffes
Gewebe.

Beeren: Sie sind die reinste Schönheitskur im Miniformat:
Eisen sorgt für rosige Haut, Vitamin C macht sie glatt und
zart, Kalium entwässert.

Eier: Dank dem wasserlöslichen Vitamin Biotin schenken
sie der Haut mehr Spannkraft.

Fisch: Er liefert dir den Eiweißstoff Taurin, der die Hormonproduktion unterstützt und so für eine straffe Haut sorgt.

Milch: Sie enthält den Fettvernichter Karnitin. Trinkst du
abends vor dem Schlafengehen ein Glas fettarme Milch,
kurbelt das die Fettverbrennung an.

Papaya: Lege ab und zu mal eine achttägige Papaya-Kur ein:
Iss morgens nüchtern eine Papaya und deine Haut bleibt
frisch. Tagsüber isst du ganz normal.

Salat: Neben den Vitaminen A, B, E und C enthält er
Natrium, Kalzium sowie
Kalium, die Haut und
Gewebe glätten.

Tipp

Richtig essen

Weißt du, wie eine
gesunde Ernährung
aussehen soll? Wenig
Zucker und Fett, viel
frisches Obst, Gemüse
und Salat, viele Getreide-
und Milchprodukte,
wenig Fleisch. Aber
gesunde Ernährung soll
nicht zu kompliziert wer-
den. Denn Essen soll
auch Spaß machen!

Mode für jede Figur

Ob groß, klein, mollig oder dünn, zu wenig Busen oder zu viel – deshalb musst du noch lange nicht auf trendige Outfits verzichten! Problemzonen kannst du überspielen, wenn du weißt, wie du deine Vorzüge betonst und welcher Stil und Schnitt am besten kaschieren. Denn: Es gibt keine schlechte Figur, es gibt nur einfach unvorteilhafte Kleidung.

Breite Hüften und kräftige Oberschenkel: Betone den Oberkörper mit kräftigen Farben, kleide aber den Hüftbereich in dunkle Töne. Wähle keine auffälligen Muster, denn sie tragen unnötig auf. Röcke und Hosen sollten locker sitzen und einen geraden Schnitt haben. Leichte Stoffe sind vorteilhaft. Die ideale Rocklänge endet eine Hand breit über dem Knie. Jacken und Oberteile sollten nicht zu tailliert sein und die Hüfte bedecken.

Klein: Kürzere, schmale Röcke über dem Knie lassen deine Beine länger wirken. Mit taillenkurzen Jacken wirkt der Oberkörper nicht so lang. Stylst du Ton-in-Ton, strecken dich die Kleidungsstücke optisch. Helle und intensive Farben ziehen Blicke an: Je höher du sie am Körper trägst (als Pulli oder Halstuch), desto größer wirkst du. Schuhe mit kleinen Absätzen sind besser als ganz flache. Bei Mänteln ist die Wadenmitte die Längengrenze.

Groß und dünn: Lange weite Röcke mit längeren Pullis, T-Shirts oder Blazern sind vorteilhaft. Lebendige Farben unterbrechen die Länge optisch. Große Muster und Drucke sind optimal. Querstreifen lassen dich breiter wirken. Zeige deine langen Beine in Minis oder Shorts. Hosen sollten etwas lockerer sitzen. Du kannst auch lange, weite Oberteile anziehen, die mindestens bis an die Oberschenkel reichen, um die Proportionen auszugleichen.

Mollig: Kleider sollten ab der Hüfte leicht schwingend fallen. Trägertops kombinierst du mit einer passenden langen Jacke und einem gerade geschnittenen Rock. Längsstreifen strecken. Wähle keine großen Muster. Dunkle Farben reduzieren optisch – das gilt auch für Strümpfe. Eine Farbe von Kopf bis Fuß mogelt Pfunde weg. Schmal geschnittene Jeans in dunkler Waschung sind tolle Schlankmacher. Bei Oberteilen gilt: schmal geschnitten und den Po bedeckend.

Kleiner Busen: Auffällige, enge Tops kannst du dir leisten. Oberteile mit Taschen, farbigen und kontrastreichen Einrahmungen setzen Akzente und lenken von der Brust ab. Rüschen, Volants oder ausgearbeitete Bustiers zaubern mehr Volumen. Stark gemusterte Oberteile gleichen die Proportionen optisch aus. Ein Push-up-BH mogelt zusätzliche Fülle. Ketten mit auffälligen Anhängern oder Perlen tragen ebenfalls auf.

Großer Busen: Oberteile mit einem nicht zu tiefen V-Ausschnitt machen ein schönes Dekolleté. Auch ovale und u-förmige Ausschnitte sehen toll aus – allerdings nicht zu nah am Hals, sonst wirken sie zu wuchtig. Am besten sind dunkle Farben oder Unis. Kleine dezente Muster sind okay.

Freundinnen und Clique

Freundinnen sind in der Pubertät ganz besonders wichtig für dich. Sie bedeuten dir viel und du lässt nichts auf sie kommen. Ständig steckt ihr zusammen und teilt Freud und Leid. Auch Freundschaften mit Jungs aus deiner Clique begleiten dich auf dem Weg zum Erwachsenwerden. Dabei lernst du mit Gleichaltrigen umzugehen, ohne dass sich ein Erwachsener einmischt. Und du erlebst, wie die anderen mit verschiedenen Situationen umgehen. Deine Freundinnen und die Clique geben dir Nähe, Orientierung und Halt.

Die beste Freundin

Deine Freundin ist der Mensch für alle Fälle: Ihr könnt stundenlang diskutieren, schwärmen, über Jungs quatschen, shoppen oder rumhängen. Ob Ängste, Sorgen, Freuden oder Konflikte – ihr kannst du bedenkenlos alles anvertrauen. Als beste Freundinnen helft ihr euch gegenseitig beim Erwachsenwerden: bei Problemen in der Schule, mit Jungs, mit den Eltern oder auch bei der stetigen Veränderung eures Körpers. Ihr beeinflusst euch gegenseitig in eurer Meinung, in Geschmacksfragen und in eurer Entwicklung.

>> Meine beste Freundin weiß alles von mir. Sie kennt mich in- und auswendig. Ich finde es ganz toll, dass sie auch Geheimnisse für sich behalten kann. Sie hat noch kein einziges Mal etwas rumer-zählt. Ich kann ihr voll vertrauen. <<

Carmen, 14

Zwei wie Pech und Schwefel

Deine Freundin kann dir in Bezug auf dein Selbstwertgefühl eine große Stütze sein. Durch eure intensiven Gespräche und den ehrlichen Umgang miteinander kannst du durch sie viel über dich selbst lernen. Deine beste Freundin ist immer für dich da und du kannst glücklich sein, wenn du eine hast.

>> Ich weiß nicht, was ich die letz-ten Jahre ohne sie gemacht hätte. Sie war immer für mich da, als meine Eltern sich schei-den ließen. Ich war ganz oft bei ihr, habe bei ihr übernach-tet und wir haben stundenlang über alles geredet. <<

Heike, 16

Zoffen erlaubt ...

Auch in der besten Freundschaft gibt es manchmal Zoff. Menschen sind nun mal unterschiedlich und jeder hat seine eigene Meinung und seine Interessen. Daher ist Streit etwas völlig Normales. Auf keinen Fall sollte eine immer klein beigeben. Es bringt außerdem nichts, Probleme zu verdrängen, um Streitereien aus dem Weg zu gehen. Dann kommt es irgendwann zum großen Knall und die Freundschaft ist vielleicht nicht mehr zu retten.

..., aber fair bleiben

Ein fairer Streit kann wie ein reinigendes Gewitter wirken. Er räumt mit Missverständnissen auf und schafft klare Fronten. Fair streiten bedeutet, deinen eigenen Standpunkt klar zu vertreten, aber auch

Richtig streiten – die wichtigsten Regeln

1. Streite nie am Telefon oder per SMS. Ihr solltet euch beim Reden in die Augen schauen.
2. Die Wünsche, Sorgen und Ängste deiner Freundin solltest du ernst nehmen. Wenn du sie belächelst oder ironisch wirst, kannst du selbst nicht ernst genommen werden.
3. Bleibe bei eurem Streitpunkt und werfe deiner Freundin nicht alles vor, was dir gerade einfällt.
4. Höre auf, nach einem Schuldigen zu suchen. Es geht darum, eine Lösung für euer Problem zu finden, nicht darum, wer recht hat und wer nicht.
5. Beschimpfungen sind absolut tabu!
6. Hast du ihr Unrecht getan, dann gib es zu. Wenn du deinen Irrtum eingestehen kannst, ist das ein Zeichen von Stärke.

deiner Freundin zuzuhören, ihr gegenüber Respekt zu bewahren und nach einer Lösung zu suchen.

Die Versöhnung

Zu einem Streit gehört auch Versöhnung. Warte nicht, bis sich deine Freundin meldet, sondern sei mutig und gehe auch mal auf sie zu. Der erste Schritt ist oft der schwerste, aber wenn einer ihn tut, ist eure Freundschaft noch ein Stück intensiver geworden.

Freunde fürs Leben?

Auch Freundschaften können sich verändern – genauso wie sich dein Leben ständig verändert. Mit viel Glück hält eine freundschaftliche Beziehung wirklich ein Leben lang. Doch wenn ihr euch in unterschiedliche Richtungen entwickelt, merkst du vielleicht plötzlich, dass ihr aneinander vorbei-redet und euch andere Freunde und Interessen wichtiger werden. Auch wenn eine von euch einen Freund hat, kann sich einiges verändern. Dann ist es gut, wenn ihr darüber sprechen könnt und euch mit Verständnis erst einmal mehr Freiraum zugesteht. Vielleicht kann euch auf diese Weise auch weiterhin eine gute Freund-schaft verbin-den. Das ist besser, als Probleme so lange zu ignorieren, bis es wirklich zu spät ist.

Tipp

Erst denken, dann reden!

Bevor du etwas tust oder sagst, was du später bereust, schlafe erst eine Nacht darüber. Dann ist die erste Wut schon verraucht und du kannst versuchen, das Problem auch aus der Sicht deiner Freundin zu sehen. Meistens hast du ein bisschen recht, aber sie auch …

Deine Clique

Sie ist für dich wie eine zweite Familie und mit den Freunden aus deiner Clique gehst du durch dick und dünn. Sie verstehen dich und sind immer für dich da. In der turbulenten Zeit der Pubertät, in der du mit dir und dem Rest der Welt „kämpfst", spielt dieses Gefühl des Aufgehobenseins unter Gleichgesinnten eine große Rolle.

Cliquenstrukturen

Über die Hälfte der Jugendlichen sind feste Mitglieder in einer Clique. Wichtig für die Mitglieder ist ein gemeinsamer Stil. Habt ihr in eurer Clique auch eigene Erkennungsmerkmale – einen Kleidungsstil, den immer gleichen Treffpunkt oder bestimmte Begrüßungsrituale? Cliquen haben ganz unterschiedliche Strukturen.

1. Ein Boss

Einer gibt den Ton an und ist der Chef. Die Rollen sind klar verteilt. Das geht so lange gut, bis sich einer querstellt.

2. Zwei konkurrierende Möchtegern-Chefs

Jeder will, dass alle nach seiner Nase tanzen, und versucht möglichst viele Anhänger zu finden. Dadurch entsteht eine wachsende Unruhe in der Clique – bis einer der alleinige Anführer wird oder die Gruppe auseinanderbricht.

3. Gleichberechtigte Cliquenmitglieder

Die Entscheidungen werden ganz demokratisch von der Mehrheit getroffen. Das ist die tollste Form einer Clique.

Allerdings braucht man dazu schon eine gewisse Reife und Toleranz.

Und deine Clique?

Hast du schon einmal darüber nachgedacht, ob du in deiner Clique gut aufgehoben bist und ob du dort wirklich gute Freunde gefunden hast? Diese Fragen solltest du dir stellen:

1. Stehen deine Freunde hinter dir, wenn es dir mal nicht gut geht? Verteidigen und ermutigen sie dich?
2. Würdest du gern anders behandelt werden?
3. Wirst du immer nach deiner Meinung gefragt?
4. Wirst du von Mitgliedern deiner Clique geärgert?
5. Wurdest du schon mal zu etwas gezwungen, was du gar nicht tun wolltest?

Achtung: Gruppendruck

Du darfst nicht sagen, was du denkst und musst nach der Pfeife der anderen tanzen? Dann stimmt etwas nicht! Akzeptieren dich die anderen nicht so, wie du bist, sind es keine richtigen Freunde. Cliquenwirtschaft ist okay, solange deine Freunde respektieren, wenn du bei etwas nicht mitmachen möchtest. Lass dich nicht zu irgendetwas drängen. Auch wenn es schwer ist, darfst und musst du „Nein" sagen können!

Info

Mobbing in der Clique

In vielen Cliquen gibt es ein Mädchen, das immer genau zu wissen scheint, wer doof ist und wer dazugehört. Die Cliquenqueen ist meistens supercool. Sie ignoriert die, die sie nicht mag. Andere wie Luft zu behandeln oder zu ärgern, ist jedoch oft die erste Stufe auf der Mobbing-Leiter. Von einer solchen Clique solltest du dich lösen. (Mehr zu Mobbing findest du auf den Seiten 173–175.)

Nicht um jeden Preis

Einer in der Clique fängt mit dem Rauchen oder Trinken an und alle anderen machen es nach. Mitmachen oder Außenseiter sein – das ist dann in vielen Cliquen die große Frage. Doch es gibt klare Grenzen:

- Cliquenregeln dürfen nicht in ein Muss ausarten. Bleibe auch mit Freunden in Kontakt, die nicht zu deiner Clique gehören. Wenn du Angst hast, deswegen ausgestoßen zu werden, dann bist du in der falschen Clique.
- Lasse dich nie auf gefährliche Mutproben oder Straftaten, wie Stehlen usw. ein. Und nicht die Clique ist für dein Leben verantwortlich, sondern du selbst. Nicht die anderen müssen die Folgen ausbaden, sondern du!

» Ich war zwölf, als wir von unserem Dorf in die Stadt gezogen sind. Das war am Anfang ganz schön schwer für mich: neue Schule, keine Freunde. Ein paar Monate später lernte ich dann echt coole Leute aus einer großen Clique kennen. Die meisten waren schon etwas älter. Ich hab mich damals so gefreut, als ich irgendwann dazugehörte. Die meisten haben geraucht und mir auch Zigaretten angeboten ... «

» ... Eigentlich wollte ich gar nicht, aber ich hatte Angst, dass sie mich auslachen wenn ich ablehne. Jetzt bin ich 15 und rauche regelmäßig. Ich ärgere mich total, wenn ich mir überlege, wie viel Geld ich im Monat für Zigaretten ausgebe. Außerdem ist es schlecht für meine Gesundheit. Ich würde so gern aufhören zu rauchen, aber ich schaffe es nicht ... «

Jana, 15

Der blaue Dunst

Heute weiß doch eigentlich jeder, dass Rauchen ungesund ist. Trotzdem ist die Versuchung, „es" mal zu probieren, groß – und dann die Gefahr, dass es zur Gewohnheit wird. Aus Gewohnheit wird schnell Sucht, denn Nikotin ist ein Suchtmittel und der Körper will auf solche Stoffe nicht mehr so leicht verzichten. Dabei sprechen so viele Fakten gegen das Rauchen:

- **Tabak tötet:** Bei jedem zehnten Raucher verringert sich die Lebenserwartung um 20 Jahre.
- **Tabak trübt die Sinne:** Er beeinträchtigt Geruchs- und Geschmacksempfinden.
- **Tabak schadet dem Körper** – innerlich, z. B. der Lunge, und äußerlich, z. B. der Haut.
- **Tabak ist eine Einstiegsdroge** und macht dich empfänglicher für andere Abhängigkeiten (Alkohol, Drogen).

Ich habe mal an einer Zigarette gezogen, aber ich fand den Geschmack total eklig. Was kann man daran gut finden?

Angie, 13

Rauchen ist teuer. Lege dir für jede nicht gerauchte Zigarette 20 Cent zur Seite. Am Monatsende kannst du dir bestimmt eine schöne Belohnung davon leisten.

Ablenken vom Rauchen

Du willst nicht rauchen, hast aber ab und zu Lust auf eine Zigarette? Da gibt es Möglichkeiten zur Ablenkung:

- Auf einen Gegenstand im Raum konzentrieren
- Kaugummi kauen
- Einen Schluck Wasser trinken
- Langsam und tief durchatmen
- Obst essen
- Entspannen
- Sport machen

Alkohol – weniger ist mehr

Die 16-jährige Mandy schwankt zur Toilette der Disco. Sie kann nicht mehr stehen und bringt kein klares Wort mehr heraus. Alles dreht sich in ihrem Kopf. Sie hat sich schon viermal übergeben, aber es hilft nichts. Dann gibt auch der Rest ihres Körpers auf – sie bricht bewusstlos zusammen. Mandy hat eine Alkoholvergiftung.

Gefährlicher Spaß

Alkohol gehört heute für nicht wenige Jugendliche zu einem gelungenen Wochenende dazu. Viele trinken aus „Spaß", viele fühlen sich im Zugzwang. Andere wollen ihre Sorgen und Probleme mit Schule und Elternhaus oder ihre Zukunftsängste für ein paar Stunden „wegspülen". Doch am nächsten Tag holt sie der Alltag nur umso krasser wieder ein.

Gift für den Körper

Alkohol ist ein Zellgift, das dem gesamten Körper schadet. Der Organismus versucht daher, dieses Gift so schnell wie möglich abzubauen, um möglichen Schaden zu begrenzen. Weil er dabei schnell überfordert wird, kann es zu einem Zusammenbruch und sogar zum Tod kommen. Schon im Mund gelangen geringe Mengen Alkohol über die Schleimhäute ins Blut. Ungefähr zwei Gramm Alkohol werden aus dem Magen ins Blut aufgenommen. Der größte Teil tritt aus dem

>> Am Tag danach nehme ich mir immer vor „nie wieder" – und dann passiert es doch wieder. <<

Mandy, 16

Dünndarm ins Blut und dann in die Leber. Weil die Leberzellen damit beschäftigt sind, den Alkohol schnell wieder loszuwerden, kommen andere Stoffwechselprozesse aus dem Gleichgewicht. Der Körper ist nicht mehr in der Lage, Glukose für die übrigen Organe und für das Gehirn zur Verfügung zu stellen. Die Folge ist ein Abfall des Blutzuckerspiegels. In leichten Fällen führt er zu Gereiztheit und Kopfschmerzen, in extremen zu Bewusstlosigkeit und Koma.

Das „bisschen" Alkohol?

Besonders Jugendliche riskieren schnell eine Alkoholvergiftung, denn in diesem Alter ist der Organismus besonders anfällig für die schädlichen Auswirkungen. Starker Alkoholgenuss über längere Zeit schädigt die Leber, das Nervensystem, den Magen-Darm-Trakt, die Bauchspeicheldrüse und das Herz. Die geistige Leistungsfähigkeit sinkt. Dazu können Depressionen und die Zerstörung von Gehirnzellen kommen. Die „legale Droge" Alkohol solltest du also nicht als harmlos einstufen!

Tipp

Mixgetränke – keine Spaßdroge

Mixgetränke sind auf jeder Party sehr begehrt, doch viele Jugendliche unterschätzen die Gefahr, die in den Mixgetränken aus Limo und starken Spirituosen, wie Rum oder Wodka, schlummert. In einer 0,3-Liter-Flasche stecken knapp sechs Prozent Alkohol – das sind mehr als zwei Gläser Schnaps pro Flasche! Durch den süßen Geschmack und das harmlose Aussehen des Inhalts vergisst du schnell, dass du eigentlich Branntwein oder Schnaps trinkst. Ein 15-jähriges Mädchen mit 50 Kilogramm Körpergewicht hat nach zwei Flaschen Alcopops schon 0,9 Promille.

KEINE MACHT DEN DROGEN

Harmlose Drogen?

Oft bekommt man Drogen schon in der eigenen Clique angeboten und man nimmt das Suchtmittel, um vor den anderen nicht dumm dazustehen. Aber schon der erste Konsum, egal ob Rauchen, Inhalieren oder Spritzen, kann der Anfang einer Sucht sein.

Schleichende Sucht

Es ist beängstigend, aber die Zahl der Drogenabhängigen steigt in Deutschland jährlich an und die Konsumenten werden immer jünger. Ein Problem zieht das andere nach sich: Die meisten Drogen sind teuer. Deshalb ist es oft schwer, sich welche zu besorgen. Um an den begehrten Stoff zu kommen, ist vielen jedes Mittel recht. So gerät man schnell in die Kriminalität.

Gefährlicher Drogensumpf

Wieso nehmen Menschen überhaupt Drogen? Bei manchen ist es einfach nur die Suche nach dem ultimativen Kick, bei einigen gefährliche Neugierde und wieder bei anderen der Versuch, Probleme in den Griff zu bekommen. Dass man mit Drogen keine Probleme löst, sondern sich ganz große schafft, begreifen viele erst, wenn es zu spät ist.

Drogen und Abhängigkeit

Bestimmte Suchtstoffe führen schnell zu körperlicher und/oder psychischer Abhängigkeit. Das kann man besonders von Heroin sagen. Von anderen Drogen kann man nur psychisch abhängig werden, wie zum Beispiel von Cannabis. Psychische Abhängigkeit bedeutet, dass derjenige, der sie nimmt, ein starkes Verlangen hat, die Droge wieder zu nehmen, ohne dass aber körperliche Entzugserscheinungen auftreten.

Matschbirne? Nein danke!

Fast alle Drogen verursachen schwere, bleibende Schädigungen im Gehirn. Auch wenn dir bestimmte Drogen noch so „harmlos" erscheinen und dir von deinen Freunden als „megacoole Sache" angepriesen werden – lass die Finger davon! Fang erst gar nicht damit an! Bist du selbst schon betroffen oder kennst du jemanden, der Hilfe braucht, dann wende dich sofort an eine Drogenberatungsstelle (Adressen findest du im Anhang).

> **Ein paar aus meiner Clique haben schon Joints geraucht. Ich würde es auch gern mal probieren, habe aber Angst, abhängig zu werden.**
>
> Meike, 13

Drogen

Designerdrogen wie **Ecstasy** werden in Labors hergestellt. Sie sind extrem gefährlich, denn die beigemischten Substanzen können auch giftig sein; niemand weiß genau, wie die veränderten Drogen wirken.

Marihuana („Gras") besteht aus getrockneten, zerkleinerten Blüten, Stängeln und Blättern der Cannabispflanze (indischer Hanf).

Haschisch („Dope", „Shit") ist zu Platten oder Klumpen gepresstes Harz der Cannabispflanze.

Halluzigene: Dazu gehören unterschiedliche chemische Stoffe. Alle haben eine sinnestäuschende Wirkung.

Kokain/Crack: Wird aus den Blättern des in Südamerika wachsenden Kokastrauchs gewonnen. Crack ist mit weiteren Zusatzstoffen zu Klümpchen verbackenes Kokain.

Opiate: Dazu gehören u. a. Heroin, Morphin und Opium. Opium wird aus dem Milchsaft der unreifen Schlafmohnkapsel gewonnen. Heroin wird chemisch aus Morphin hergestellt.

Chat-Freundschaften

Freundschaften, Diskussionen, Flirts oder Feten – im Internet-Chat findest du alles. Vielleicht erlebst du sogar, wie aus einer Freundschaft die große Liebe wird, wie bei Michaela,16, und Mike,17.

Michaelas Blick wechselt in rasender Geschwindigkeit zwischen Bildschirm und Tastatur. Ihre Finger fliegen über die Tasten. Total konzentriert verfolgt sie die Zeilen, die vor ihren Augen auf dem Bildschirm erscheinen. Sie schmunzelt, lacht und schreibt weiter. Ab und zu nippt sie an ihrer Cola, die gleich griffbereit danebensteht. Michaela ist in ihrem Element – sie chattet ...

Michaela war nicht auf der Suche nach einer Beziehung. Wenn sie abends in München vor ihrem Bildschirm saß, wollte sie Freundschaften knüpfen und Spaß haben. Doch plötzlich machte es „klick!". Die Gespräche mit dem Jungen, der sich „Cowboy" nannte, liefen irgendwie anders ab. „Ich hab sofort gemerkt, dass wir auf einer Wellenlänge liegen", schwärmt Michaela und lächelt verliebt.

Sie erkundigte sich bei anderen Chattern über ihn. „Die berichteten mir, dass alles stimmte, was er mir über sich erzählt hat, aber trotzdem war ich vorsichtig", sagt

Michaela. Dann wollte „Cowboy", der eigentlich Mike heißt, sich mit Michaela treffen. Sie verabredeten sich am Münchner Hauptbahnhof. Ihre Eltern wussten natürlich Bescheid und gemeinsam haben sie Mike am Bahnhof abgeholt.

Die erste Begegnung verlief

sehr zurückhaltend, denn beide sind schüchtern. Im Chat kann man sich hinter seinem Bildschirm verstecken und offener miteinander umgehen. Aber schon bald wurden sie einander vertrauter und Michaelas Herz fing endgültig Feuer. Als sie ihn am Sonntag zum Bahnhof brachte, flossen dicke Abschiedstränen.

Ein Wochenende später saß

Mike wieder im Zug nach München. Als ihn Michaela abholte, hielt er eine Rose in der Hand. Bereits der erste Kuss machte Hoffnung auf mehr. Nach dem Abitur entschloss sich Mike, zum Studieren nach München zu ziehen. Auch wenn sich die beiden jetzt sehen können, wann sie wollen: Mit dem Chatten haben sie nicht aufgehört.

Chatten? Ja – aber sicher!

- Gib nie deine persönlichen Daten, wie Adresse, richtiger Name, Telefonnummer, Schule usw., bekannt.
- Antworte nie auf Beiträge, die unanständig oder bedrohlich klingen oder bei denen du ein komisches Gefühl hast.
- Sei auf der Hut, wenn dir ein Fremder Geschenke oder Geld anbietet.
- Verabrede dich nie mit einer Internet-Bekanntschaft ohne Wissen deiner Eltern.
- Fühlst du dich bedrängt, bitte deine Eltern um Hilfe. Ist dir etwas unangenehm, beende das Gespräch oder wende dich an die Moderatoren der Seite.

Info

Du siehst mich nicht, ich seh dich nicht ...

Beim Chatten unterhältst du dich mit Leuten, die du nicht unbedingt kennst. Du weißt nie, wer sich hinter einem Namen im Chat verbirgt und musst dich auf das verlassen, was dir der andere schreibt. Das muss aber nicht immer die Wahrheit sein. Das heißt, wenn dir jemand erzählt, er wäre ein zwölfjähriges Mädchen, kann es sich in Wirklichkeit um einen erwachsenen Mann handeln!

Familien-leben

Geborgenheit, Sicherheit und Vertrauen: Das wünscht man sich in der Familie. Hier darfst und kannst du dich ausprobieren, denn die Familienmitglieder sind so etwas wie die „Trainingspartner" für das richtige Leben „da draußen". Doch nicht immer läuft in der Familie alles glatt. Dann muss man im Gespräch bleiben und darf das Vertrauen zueinander nicht verlieren. Denn eines ist sicher: Die Familie beeinflusst dein ganzes Leben entscheidend.

Wir sind eine Familie

In deine Familie wirst du hineingeboren, dort verbringst du die ersten Jahre und später gründest du vielleicht irgendwann eine eigene. Im Zusammenleben mit den Eltern und Geschwistern bekommst du im Laufe der Kindheit und Jugend das „Gerüst" für dein Leben in der Gesellschaft. Hier entwickelst du dich, lernst dich selbst kennen und machst wichtige Erfahrungen. Dann und wann bist du vielleicht genervt von deiner Familie, die Eltern schimpfen, die Geschwister sind oft anstrengend. Doch wer keine hat, der sehnt sich danach.

Wurzeln fürs Leben

Zusammenleben in der Familie bedeutet: Wut, Streit, Verständnis, Zuneigung, Liebe, Selbstwertgefühl, Entfaltung und Respekt. Die Familie gibt dir deine Wurzeln und die Sicherheit, die du brauchst, um einmal eine starke Persönlichkeit zu entwickeln. Wird eine Familie auseinandergerissen, zum Beispiel durch Tod, Adoption oder Scheidung, kann das für alle Beteiligten eine sehr schmerzliche Erfahrung sein und das eigene Leben stark verändern.

Jeder hat (s)eine Rolle

Eine Familie kann nur gut funktionieren, wenn alle zu ihrem Recht kommen. Das bedeutet aber auch, dass alle Pflichten übernehmen müssen. Jeder hat so seine bestimmte Funktion: Vater, Mutter sowie auch du und deine Geschwister sind für alles ein bisschen mitverantwortlich. So entsteht echte Teamarbeit.

Gemeinsam sind wir stark

Regeln in der Familie verändern sich immer wieder. Zum einen, weil sich jeder Einzelne entwickelt, zum anderen, weil sich die äußere Situation verändert. Mit der Pubertät willst du ein vollwertiges Familienmitglied sein und immer mehr Rechte bekommen. Doch auch Aufgaben musst du nun übernehmen. Nur alle zusammen könnt ihr den Familienalltag gut meistern.

>> Am Anfang hat mich das ganz schön genervt, dass ich zu Hause mehr mithelfen sollte. Aber jetzt machen mir ein paar Sachen richtig Spaß: Kochen zum Beispiel. Ein paar Gerichte kann ich auch schon ganz gut. Und meine Eltern freuen sich, wenn ich für sie koche. <<

Sandra, 14

Alles harmonisch – oder?

Ohne gegenseitige Hilfe und Rücksichtnahme kann eine Familie nicht funktionieren. Dir aber werden deine eigenen Bedürfnisse immer wichtiger und du brauchst Zeit für dich und deine Privatsphäre. Schnell entsteht dann das Gefühl, „immer" helfen zu müssen. Doch statt zu meckern und aufzubegehren, solltest du deine Gefühle und Bedürfnisse in Ruhe ansprechen und Probleme mit deinen Eltern ausdiskutieren. Regelmäßige Gespräche, z. B. beim gemeinsamen Essen, bieten dazu eine gute Gelegenheit.

Immer öfter unterschiedlicher Meinung

Auch wenn du dich mit deinen Eltern bisher eigentlich ganz gut verstanden hast, kann es sein, dass es jetzt öfter mal Zoff gibt. Du reagierst genervt, wenn deine Eltern dir Vorschriften machen, du bist häufig anderer Meinung und kannst nicht mehr alles akzeptieren und verstehen. Kann es sein, dass sich deine Eltern so verändert haben? Sie wahrscheinlich nicht – du bist diejenige, die sich verändert! Viele Dinge, die du früher als „normal" empfunden hast, hinterfragst du auf einmal.

»Mich nervt hier alles!«

»Meine Mutter verbietet mir alles! Ich weiß nicht warum. Mein Vater würde mir viel mehr erlauben, aber dann bekommt er Stress mit meiner Mutter und sie streiten jedes Mal. Das will ich auch nicht. Was soll ich nur tun?«

Steffi, 13

»Wie siehst du denn aus?«

Andauernd geraten Mutter Heike und Tochter Silvy (14) in letzter Zeit aneinander. Schon morgens geht es los:

Mutter Heike: Silvy, wie siehst du bloß wieder aus? Der Rock ist viel zu kurz! So kannst du doch nicht in die Schule gehen! Und wie du dich wieder angemalt hast …

Silvy: Mensch, Mama, jetzt hör doch mal auf! Alle Mädchen in meiner Klasse stylen sich so. Nur ich soll rumlaufen wie eine Schreckschraube.

Mutter Heike: Es ist mir egal, was andere Mädchen machen. Du bist meine Tochter und meine Tochter läuft nicht so aufreizend herum!

Silvy: Wieso nicht? Was heißt überhaupt aufreizend? Das trägt man heute so!

Mutter Heike: Zieh dir sofort etwas Normales an. So gehst du mir nicht aus dem Haus!

Ein Wort gibt das andere, schon steigt die Lautstärke und Türen knallen. Die Pubertät ist eine schwierige Zeit, in der du dich häufig unverstanden fühlst – aber auch deine Eltern sind oft mit ihrem Latein am Ende.

Ständig mischen sie sich ein!

Deine Eltern haben bisher für dich mitentschieden und für dich mitgedacht. Das war auch ihre Aufgabe. Jetzt bist du aber dabei, erwachsen zu werden. Viele Eltern können sich nicht so schnell an diese neue Entwicklung gewöhnen. Aus diesem Grund mischen sie sich oft ein oder behandeln dich scheinbar wie ein kleines Mädchen. Mittlerweile merkst du, dass sie auch keine „Übermenschen" sind. Auch sie machen Fehler und haben – wie alle Menschen – ihre „Ecken und Kanten".

Pubertät – auch Eltern haben es schwer

Nicht selten steigern sich die Meinungsverschiedenheiten zu endlosen Diskussionen oder heftigen Auseinandersetzungen mit Wutausbrüchen und Tränen. Darauf folgen häufig Tage des eisigen Schweigens. Solche Situationen sind nicht nur für dich, sondern auch für deine Eltern der reinste Albtraum. Nicht nur du fühlst dich dann unverstanden, auch deine Eltern wissen nicht mehr, was in dir vorgeht. Sie können sich nicht mehr auf dich einstellen und reagieren deshalb manchmal heftig.

Du gehst deinen Weg

Es ist normal, dass du deinen Eltern jetzt mehr aus dem Weg gehst. Du grenzt dich ab, schließt dich in deinem Zimmer ein und besprichst Probleme seltener oder gar nicht mehr mit ihnen. Deine Eltern spüren, dass du dich zurückziehst, und das ist sehr schmerzlich für sie. Sie fühlen sich zurückgewiesen und hilflos und haben Angst, dass ihre Verbindung zu dir abreißen könnte.

Loslassen ist schwer

Deine Eltern machen sich Sorgen, denn jetzt wird dir die Clique wichtiger als sie. Sie haben keinen Einfluss auf deine Freundschaften, wissen nicht, mit welchen Leuten du verkehrst. Gerade in dieser Zeit bist du leicht beeinflussbar, deshalb haben sie Angst, dass du unter falschen Einfluss gerätst, Probleme hast, die du verschweigst, und mit Alkohol oder Drogen in Kontakt kommst. Deine Eltern sehen es als ihre Aufgabe, dich zu beschützen und auf deinem Weg zu begleiten, bis du sicher auf eigenen Füßen stehst.

»Wir kommen einfach nicht mehr an unsere Tochter ran.«

Petra ist 39 und hat große Probleme mit Nina, ihrer 15-jährigen Tochter. Bei einer Beratungsstelle sucht sie Hilfe:

Petra macht sich große Sorgen um ihre Tochter. Sie interessiert sich für gar nichts mehr, hockt nur an ihrem PC oder sitzt bei Freunden herum. Ihre Mutter hat den Eindruck, dass sie sich total hängen lässt. Sie versucht, mit ihr zu reden, aber Nina macht einfach dicht. Petra fragt sich, ob sie etwas falsch gemacht hat. Gibt es denn irgendeine Möglichkeit, Nina wieder zu motivieren?

Das meint die Psychologin:

Diese Null-Bock-Phase machen die meisten Jugendlichen durch. Die Eltern sind in dieser Zeit völlig abgeschrieben und Gesprächsversuche werden als Bevormundung angesehen. Vorwürfe bringen gar nichts. Versuchen Sie, Ihrer Tochter vorzuleben, dass es den Alltag bereichert, wenn man etwas Neues ausprobiert oder sich für etwas einsetzt. Alles, was Sie ihr aufzwingen wollen, bewirkt das Gegenteil. Zeigen Sie ihr immer, dass Sie für sie da sind, natürlich ohne besserwisserisch zu sein. Setzen Sie dennoch klare Grenzen, auch wenn es dadurch Ärger gibt.

Im Gespräch bleiben

Auch wenn es Reibereien gibt, müsst ihr miteinander im Gespräch bleiben. Vielleicht hast du auch schon gemerkt, dass es gar nichts bringt, auf Konfrontation zu gehen. Das führt nur zu Streit. Jeder ist sauer und wirklich erreicht hast du mit deiner Antihaltung auch nichts.

Reden und Verstehen

Es gehört Überwindung dazu, aber wenn du versuchst, ein kleines bisschen Verständnis für deine Eltern zu haben, kannst du dir selbst vieles erleichtern. Erzähle ihnen doch ab und zu von deinen Plänen, deinen Gedanken und Erlebnissen. Damit gibst du ihnen das Gefühl, dass du sie

Tipp

Wichtige Gesprächsregeln:

- Warte den richtigen Zeitpunkt ab: Auf keinen Fall mit dem Gespräch beginnen, wenn deine Eltern müde und gestresst von der Arbeit kommen.
- Sei offen für Kompromisse.
- Bleibe im Gespräch sachlich und werde nicht ungerecht.
- Überlege dir im Voraus schon die Gegenargumente deiner Eltern, damit du überzeugend darauf antworten kannst.
- Versuche deine Sicht der Dinge zu erklären und zu begründen, damit deine Eltern dein Verhalten nachvollziehen können.
- Weiche nicht auf Nebenthemen aus.

an deinem Leben teilhaben lässt und nicht komplett aus-
schließt. So baust du zwischen euch ein Vertrauensver-
hältnis auf und zeigst ihnen, dass sie immer noch wichtig
für dich sind.

Richtig streiten

Streit gibt es in jeder Familie, dabei darf es auch ruhig mal
etwas lauter zugehen. Streit ist auch wichtig, denn dadurch
übst du wichtige soziale Fähigkeiten. Streiten bedeutet
Nein zu sagen, sich zu behaupten, Spannungen auszuhal-
ten, Kompromisse zu finden und sich wieder zu vertragen.

Vertrauen muss wachsen

Dani, 15 Jahre, hat wieder mal Zoff mit ihren Eltern, weil sie – wie schon öfter –
gelogen hat.

Mutter: Woher kommst du um diese Zeit?

Dani: Ich hab dir doch gesagt, dass ich bei Eva bin, weil wir lernen wollen.

Mutter: Lüg mich nicht an! Ich habe eben mit Evas Mutter telefoniert und du warst
nicht da. Also frage ich dich noch mal: Wo warst du?

Dani: Na schön. Okay, ich hab dich angeschwindelt. Aber was sollte ich denn
machen. Hätte ich gleich gesagt, dass ich ins Jugendzentrum will, hättet ihr mir
das sowieso nicht erlaubt.

Mutter: So geht das nicht! Wie sollen wir dir vertrauen, wenn du ständig irgend-
welche Lügenmärchen erzählst? Das war ja nicht das erste Mal.

Dani: Aber ihr zwingt mich doch förmlich dazu. Ich erfinde diese Sachen nur, weil ihr
mir sowieso ständig alles verbietet.

Mutter: Irgendwie müssen wir jetzt eine Lösung finden. Also, was hältst du davon:
Du hörst auf mit deinen Schwindeleien und versuchst dich an unsere Absprachen
zu halten, dann können wir dir auch wieder mehr vertrauen. Dafür werden wir versuchen, die Zügel etwas lockerer zu lassen, okay?

Verhandeln und überzeugen

Es ist im Familienleben nicht anders als in der Politik – echte Lösungen gibt es nur durch Verhandeln und Überzeugen.

Du brauchst neue Inlineskates? Willst auch mal länger auf einer Party bleiben oder in den Ferien mit deiner Freundin ins Jugendcamp fahren? Du hast viele Wünsche, aber deine Eltern geben keineswegs zu allem ihr Okay? Durch ständiges Fordern und Quengeln kommst du selten ans Ziel. Da musst du dir schon andere Strategien überlegen. Und das ist gar nicht so schwer.

>> Seitdem ich im Haushalt helfe, sind meine Eltern viel besser drauf. Jetzt darf ich schon Dinge, die sie mir vor einem halben Jahr niemals erlaubt hätten. <<
Ramona, 15

Ein Geben und Nehmen

Kannst du dir vorstellen, wie positiv es auf deine Eltern wirken muss, wenn du nicht nur Forderungen stellst und etwas willst, sondern auch zu Gegenleistungen bereit bist? Und zwar nicht nur dann, wenn man dich zum x-ten Mal dazu aufgefordert hat. Deine Mutter freut sich sicher über etwas Hilfe im Haushalt. Das Gleiche gilt natürlich für deinen Vater – auch er wird deine Unterstützung zu würdigen wissen.

Gemeinschaft pflegen

Zeige deinen Eltern, dass sie dir nicht egal sind und du ihre Meinung nicht von vornherein ablehnst. Signalisiere deine Bereitschaft zum Austausch und lasse sie nicht links liegen. Das beweist deinen Eltern, dass du Reife entwickelst und nicht nur egoistisch auf deinen eigenen Vorteil bedacht bist.

Die besten Überzeugungsstrategien

Selbstständigkeit beweisen: Zeige deinen Eltern, dass man mit dir vernünftig reden und sich auf dich verlassen kann. Dazu gehört auch, dass du für Kritik offen bist, Fehler zugeben kannst und Selbstständigkeit beweist (z. B. beim Lernen).

Um etwas bitten: „Ich will aber …!" Das ist eindeutig der falsche Anfang. Die meisten Eltern sagen da schon instinktiv Nein, obwohl sie vielleicht gar nichts gegen deinen Wunsch hätten. Gib ihnen das Gefühl, dass sie die Entscheidung treffen, indem du nicht forderst, sondern um etwas bittest.

Zuverlässig sein: Wenn du immer zu spät kommst und dich so gut wie nie an Absprachen hältst, musst du dich nicht wundern, wenn deine Eltern misstrauisch sind. Beweise ihnen, dass auf dich Verlass ist! Hast du wirklich mal vergessen, auf die Zeit zu achten, entschuldige dich dafür.

Gute Argumente bringen: Dürfen deine Freunde etwas und du nicht, dann reibe das deinen Eltern nicht vorwurfsvoll unter die Nase. Es ist besser, du erzählst ihnen von dem Problem, das du damit hast: Du bist allein zu Hause, während die anderen ihren Spaß haben, du kannst nicht mitreden oder du verpasst etwas.

Freundlich sein: Die Taktik, besonders brav und nett zu sein, wenn du etwas willst, durchschauen Eltern schnell. Wäre es nicht möglich, dass du deinen Eltern grundsätzlich mit einer gewissen Freundlichkeit begegnest?

Die Taktik ändern: Hast du bisher bei Meinungsverschiedenheiten gleich losgebrüllt, dann versuche mal so ruhig wie möglich deine Situation zu erklären. Wenn du so reagierst, merken deine Eltern, dass du erwachsener wirst und dich zu einem ernst zu nehmenden Verhandlungspartner entwickelst. Dann machen sie auch mehr Zugeständnisse.

Die lieben Geschwister

Die einen hätten sie gern, die anderen würden sie am liebsten „umtauschen". Deine Freunde kannst du dir selbst aussuchen – deine Geschwister nicht. Einen Bruder oder eine Schwester zu haben kann einerseits ständige Reibereien bedeuten, andererseits wirklich das Größte sein. Denn deine Geschwister werden dich die längste Zeit deines Lebens begleiten und viele gemeinsame Erlebnisse verbinden euch miteinander.

Wie Hund und Katze?

Ärgern, Brüllen, Petzen und kleine Raufereien? Vielleicht gehört zu deinem Familienalltag auch der ständige Kampf mit den „lieben Geschwistern". Das ist nicht weiter schlimm. Im Laufe der Zeit werdet ihr euren Streit mit vernünftigeren Techniken wie guten Argumenten oder Kompromissen lösen. Schließlich gibt es da noch die gute Seite daran, dass man Geschwister hat: gemeinsame Geheimnisse, Spaß, Trost und fester Zusammenhalt.

Geschwisterliebe

Wenn du mit Geschwistern aufwächst, sammelst du wichtige Erfahrungen für den Umgang mit anderen Menschen und außerdem entwickelst du eine eigenständige Persönlichkeit. Der

Zoff mit deinen Geschwistern ist die beste Schule fürs Leben. Ihr lernt dabei, dass man sich trotz der Auseinandersetzungen weiter gernhaben kann, und du lernst, den anderen so zu akzeptieren, wie er ist.

Eifersucht und Neid gibt's überall

Als Geschwister vergleicht ihr euch und rivalisiert auch untereinander. Der eine kann etwas besser als der andere. Vielleicht bekommt der „Kleine" mehr Aufmerksamkeit, die „Große" hat mehr Freiheiten und manchmal geht es einfach nur darum, wer wie viel Anerkennung von den Eltern bekommt. Schnell fühlt sich dann einer benachteiligt.

Das ist ungerecht!

Hast du schon mal daran gedacht, dass euch deine Eltern vielleicht deshalb unterschiedlich behandeln, weil ihr alle unterschiedlich seid? Natürlich spielt auch euer Alter eine Rolle, wenn die Eltern in Sachen Freiheiten mehr Zugeständnisse machen. Wenn du dich trotzdem ungerecht behandelt fühlst, dann gibt es nur eins: Sprich mit deinen Eltern darüber und bitte um eine Erklärung.

Miteinander auskommen

Jeder von euch hat einen individuellen Charakter, spezielle Launen, sein ganz eigenes Temperament, seine Vorlieben und Bedürfnisse. Ihr müsst nicht ständig ein Herz und eine

» Meine kleine Schwester nervt manchmal total, trotzdem hab ich sie sehr lieb! «

Seele sein. Es genügt, wenn ihr versucht, einigermaßen miteinander auszukommen. Und wenn es doch zu Streitereien kommt, beachtet einfach ein paar Dinge:

- Versucht immer erst, den Streit selbst beizulegen: Stellt Streitregeln auf. Zum Beispiel darf keiner beim Streiten handgreiflich werden oder mit Dingen werfen.
- Schaltet die Eltern erst ein, wenn ihr gar nicht mehr weiterkommt. Wenn ihr also merkt, dass ihr keine gemeinsame Lösung findet. Eure Eltern sollten dann eine Art Schiedsrichter sein, aber keine Partei ergreifen. Und Petzen ist absolut tabu.
- Versucht den Grund eures Streites zu erklären und einen Lösungsvorschlag zu machen. Einigt euch gemeinsam auf einen Punkt, den ihr alle gut findet.

Oft reagierst du bei deinen Geschwistern viel gereizter als bei deinen Freunden. Mit Gelassenheit kommst du aber meist weiter.

Gehen dir deine Geschwister auf die Nerven, reagiere mal nicht mit Anschreien oder Türenknallen, sondern beachte sie einfach gar nicht. Kommt keine Reaktion von dir, wird es ihnen bestimmt schnell langweilig.

Ohne Moos nix los ...

Es gibt kein Gesetz, das Eltern verpflichtet, ihren Kindern Taschengeld zu bezahlen. Der Staat empfiehlt es zwar und veröffentlicht auch Richtlinien über die Höhe, schreibt es aber niemandem vor. Es ist Sache deiner Eltern, ob und wie viel Taschengeld sie dir geben. Dabei kommt es natürlich darauf an, wie viel Geld deine Eltern im Monat zur Verfügung haben und wie viele Geschwister du hast.

Wofür ist Taschengeld da?

Mit Taschengeld sollst du den Umgang mit Geld lernen und auf Sachen sparen, dir aber auch individuelle Wünsche erfüllen. Umfragen zeigen, dass Jugendliche ihr Geld hauptsächlich für CDs, Zeitschriften und Süßigkeiten ausgeben. Natürlich spielen auch Handykosten und Markenklamotten eine große Rolle. Taschengeld sollte nicht für Dinge wie Schulsachen, Monatskarten oder allgemeine Kleidung da sein, sondern für deine ganz privaten Anschaffungen.

Geschickt verhandeln

Du kannst mit deinen Eltern über mehr Taschengeld verhandeln. Einfach nur mehr Geld zu fordern, weil deine Freundin mehr kriegt, macht wenig Sinn. Mache dir eine Liste deiner Ausgaben. So kannst du deinen Eltern erklären, wie viel ein Kinobesuch, eine Zeitschrift oder CD kostet. Sage ihnen, dass du dann auch etwas sparen könntest, um dir größere Sachen selbst zu finanzieren. Es hilft, wenn du einen Monat lang Buch führst. Das verschafft dir einen guten Überblick und macht deinen Eltern klar, dass du dir wirklich nicht viel leisten kannst. Natürlich musst du aber auch Verständnis dafür haben, wenn deine Eltern dir einfach nicht mehr Taschengeld geben können.

Tipp

Taschengeld

Folgende Empfehlungen geben offizielle Stellen:

6–7 Jahre:

1–1,50 Euro wöchentlich

8–9 Jahre:

1,50–2,50 Euro wöchentlich

10 Jahre:

8,50–12,50 Euro im Monat

11–13 Jahre:

10–15 Euro im Monat

bis 15 Jahre:

Bis zu 20 Euro im Monat

16–17 Jahre:

30–40 Euro im Monat

(Ministerium für Schule und Weiterbildung des Landes Nordrhein-Westfalen, www. schulministerium.nrw.de)

Jobben – der lukrative Nebenverdienst

Wenn das Taschengeld für deine Wünsche nicht ausreicht, könnte ein Nebenjob die Lösung sein. Doch dabei gibt es ein paar Vorschriften zu beachten, denn in Deutschland stehen Kinder und Jugendliche unter besonderem Schutz.

Unter 15 Jahre

Mit 13 und 14 Jahren ist Jobben nur bedingt möglich. Zwei Stunden leichte Tätigkeit pro Tag sind erlaubt, z. B. Babysitten oder Zeitungen austragen – allerdings nicht vor Beginn der Schule, während der Unterrichtszeit, nach 18 Uhr, am Wochenende und an Feiertagen. Zudem müssen die Eltern dem Nebenjob zustimmen.

Über 15 Jahre

Jugendliche zwischen 15 und 18 Jahren dürfen bis zu vier Wochen in den Ferien arbeiten. Ansonsten gelten, solange noch Schulpflicht besteht, die gleichen Regelungen wie für Jugendliche unter 15 Jahren.

Tipp

Finanzen im Griff

Jetzt bekommst du mehr Geld und bist trotzdem schnell pleite? Dann kannst du Folgendes versuchen:

- Hole dir jede Woche – statt nur einmal im Monat – nur einen bestimmten Betrag von der Bank.
- Führe Buch über deine Ausgaben und überlege dir, wo du sparen kannst.
- Besprich mit deinen Eltern größere Anschaffungen.
- Zeitschriften kannst du dir bei Freunden ausleihen. Nur am Kinotag einen Film zu gucken spart auch schon ein paar Euro.

Darf ich jeden Job annehmen?

Nein, für Jugendliche bis 18 Jahre gelten bestimmte Verbote:

- Nachtarbeit zwischen 20 Uhr und 6 Uhr
- Arbeitsschichten (Arbeitszeit und Pause) von mehr als zehn Stunden
- Schwere körperliche Arbeiten
- Gefährliche und gesundheitsschädliche Arbeiten
- Arbeiten mit sittlichen Gefahren (z. B. in Spielsalons)
- Fließband- und andere tempoabhängige Arbeiten

Wie finde ich überhaupt einen Job?

Höre dich bei deinen Freunden um, was sie bereits gearbeitet haben. Halte Augen und Ohren offen, frage herum – vielleicht braucht ein Nachbar Hilfe im Garten. Wenn du in einem Fach besonders gut bist, könntest du Nachhilfe geben. Du kannst auch noch anders aktiv werden:

- **Gelbe Seiten:** Rufe in Unternehmen in deiner Umgebung an und frage nach. Vielleicht musst du dich erst einmal überwinden, aber wenn der erste Anruf getan ist, wirst du feststellen, dass das gar nicht so schwer ist. Noch besser ist es, du gehst persönlich hin und stellst dich vor.
- **Internet:** Im Netz gibt es zahllose Jobbörsen. Manchmal bieten Firmen auf ihren eigenen Internetseiten freie Stellen an.
- **Tages- und Wochenendzeitungen:** Hier sind auch gute Jobs zu finden, aber es gibt genauso zwielichtige Angebote. Lasse die Finger davon, wenn unter der Anzeige eine teure 0900-Nummer steht oder um Vorkasse gebeten wird. Schließlich willst du Geld verdienen und keines investieren!

Info

Wann, wie lange und was ...

... Kinder und Jugendliche überhaupt arbeiten dürfen, regelt das Jugendarbeitsschutzgesetz. Dadurch soll auch verhindert werden, dass die Schule neben dem Job zu kurz kommt.

>> Heute habe ich von einer Nachbarin mein erstes selbst verdientes Geld bekommen, weil ich auf ihre kleine Tochter aufgepasst habe. Das ist schon ein tolles Gefühl. <<

Yvonne, 12

Unsere Familie zerbricht

Hast du den Eindruck, dass deine Eltern in letzter Zeit häufiger und heftiger streiten als sonst? Oder dass sie beim Abendessen kaum noch ein Wort wechseln und sich anschweigen? Oft sind das nur Phasen und sie raufen sich wieder zusammen. Aber manchmal merken Eltern auch, dass sie nicht mehr miteinander auskommen. Für dich bricht eine Welt zusammen, wenn ein Elternteil schließlich auszieht. Auf einmal ist nichts mehr so, wie es vorher war, und jeder in deiner Familie muss erst einmal lernen, mit der neuen Situation klarzukommen.

Eine schwere Zeit

Nichts und niemand kann beschreiben, wie du dich fühlst, wenn deine Familie plötzlich zerbricht. Dein ganzes Leben steht Kopf und du musst mit Gefühlen wie Schock, Angst und Wut umgehen lernen. Du fühlst dich hilflos und fragst dich, wie es weitergeht. Bei wem sollst du wohnen? Wann und wie kannst du den anderen Elternteil treffen? Was ist mit Elternabenden oder anderen Veranstaltungen, zu denen du immer gemeinsam mit deinen Eltern gegangen bist?

Du bist nicht schuld

Vielleicht denkst du, dass das nicht passiert wäre, wenn du eine bessere Tochter gewesen wärst? Oder dass deine Eltern dich nicht mehr lieb haben? Vergiss das! Die Gründe für eine Scheidung sind ganz andere:

Da geht es oft um Sichauseinanderleben, Untreue oder Ähnliches. Deine Eltern trennen sich, weil sie miteinander unglücklich sind – nicht mit dir! Du hast nichts gesagt oder getan, was ihre Probleme verschlimmert hätte. Sie verlassen einander – nicht dich.

Patchworkfamilie

Viele Mütter und Väter haben nach einer Trennung irgendwann wieder einen festen Partner oder eine Partnerin – oft mit Kind(ern). Wenn der Partner deiner Mutter oder die Partnerin deines Vaters und vielleicht auch deren Kinder mit euch zusammenziehen, entsteht eine Patchworkfamilie. Dann gibt es für alle Beteiligten eine Menge Aufgaben zu bewältigen. Neue Regeln des Zusammenlebens müssen gefunden werden. Eine Patchworkfamilie braucht oft viele Jahre, bis sich alles eingespielt hat. Doch wenn alle zusammenhalten und sich unterstützen, kann sich aus dem Neuanfang ein tolles Familienleben entwickeln.

Tipp

Nach der Trennung

- Wenn du bei deinen Eltern bisher immer Unterstützung gefunden hast, dann kannst du ihnen auch jetzt deinen Kummer anvertrauen.
- Versuche nicht, Partei für einen zu ergreifen. Für dich ist wichtig, zu beiden eine gute Beziehung zu haben.
- Rede mit einer Freundin, Verwandten oder Lehrerin über all deine Gefühle.
- Auch wenn sich deine Eltern trennen, hast du immer noch eine Familie. Stärke deine Beziehungen zu Geschwistern und Verwandten.
- Wenn du niemanden hast, mit dem du reden kannst, findest du auch Hilfe beim Sorgentelefon oder Jugendamt (Adressen findest du im Anhang).

Rechte und Pflichten

Die meisten deiner Freundinnen dürfen schon in die Disco – nur deine Eltern wollen dir nicht erlauben mitzugehen? Deine Eltern sind für dich verantwortlich und gewisse Dinge gehen in einem bestimmten Alter einfach noch nicht. Vieles ist allerdings auch eine Sache zwischen dir und deinen Eltern. Ihr müsst gemeinsam überlegen und besprechen, welche Freiräume sie dir erlauben wollen. Aber was genau du vom Gesetz her darfst und was nicht, erfährst du hier.

Was darfst du?

Bis 14 Jahre bist du vor dem Gesetz noch ein Kind. Zwischen 14 und 18 gilst du als Jugendliche und ab 18 bist du volljährig. Mit jedem Altersabschnitt bekommst du mehr Freiheiten, trägst aber auch noch mehr Verantwortung für das, was du tust.

Gaststätten: Unter 16 Jahren darfst du dich hier nur aufhalten, wenn ein Erziehungsberechtigter dabei ist. Als Ausnahme gilt, wenn du auf Reisen bist oder eine Mahlzeit oder ein Getränk einnehmen willst, das du von deinem Taschengeld bezahlen kannst. Oder wenn du an einer Veranstaltung eines anerkannten Trägers der Jugendhilfe (Kirchenverein, Jugendamt oder Ähnliches) teilnimmst. Ab 16 Jahren darfst du dich ohne Erziehungsberechtigten bis 24 Uhr dort aufhalten.

Discos und Clubs: Unter 14 Jahren ist der Besuch verboten. Sind deine Eltern oder Erziehungsberechtigten dabei, darfst du auch unter 16 schon rein. Ab 16 ist der Besuch ohne deine Eltern bis spätestens 24 Uhr erlaubt. Das gilt auch, wenn du mit Freunden unterwegs bist, die schon über 18 sind. Ausnahmen: Wenn Veranstaltungen von einem anerkannten Träger der Jugendhilfe durchgeführt werden, darfst du unter 14 bis 22 Uhr, unter 16 Jahren bis 24 Uhr bleiben.

Konzerte: Sie gelten vor dem Gesetz nicht als Tanzveranstaltung. Sind vom Veranstalter oder der zuständigen Behörde keine Altersbeschränkungen vorgegeben, kannst du auf Konzerte gehen. Die Erlaubnis deiner Eltern brauchst du aber trotzdem.

Rauchen: Vom Gesetzgeber ist das Rauchen unter 18 Jahren grundsätzlich verboten. Es gibt ein allgemeines Tabakverkaufsverbot an Jugendliche unter 18 Jahren.

Alkohol: Ist ein Erziehungsberechtigter dabei, der es erlaubt, darfst du ab 14 kleine Mengen Bier oder Wein trinken. Unter 16 ist es verboten, alkoholische Getränke oder Lebensmittel in Geschäften oder Gaststätten zu kaufen. Ab 16 kannst du alkoholische Getränke wie Bier oder Wein kaufen und trinken. Hochprozentiges, wie Whiskey, Cocktails, Branntwein, Gin oder Schnäpse, ist erst ab 18 erlaubt.

Piercen und Tätowieren: Das gilt vor dem Gesetz als mutwillige Körperverletzung, die strafrechtlich nur deshalb nicht verfolgt wird, weil die betreffende Person dem Eingriff einwilligt. Unter 16 ist es gesetzlich verboten, trotz Einverständniserklärung der Eltern. Zwischen 16 und 18 Jahren geht es nur mit einer schriftlichen Einverständniserklärung deiner Eltern. Ohne ihre Zustimmung kannst du dich erst ab 18 piercen oder tätowieren lassen.

Von Schule und Zukunft

Jeden Morgen das gleiche Spiel: früh raus, in die Schule gehen, aufpassen, konzentrieren, Arbeiten schreiben und büffeln. Anschließend Hausaufgaben machen und lernen, bis dir der Kopf raucht! Wen wundert's, dass dich manchmal der „Schulblues" packt und du keine Lust mehr hast. Doch die Schule ist die Grundlage für deine Ausbildung und dein späteres Berufsleben. Ohne gute Schulausbildung bleiben viele Träume und Ziele unerreichbar. Halte also durch - und bestimmt macht das eine oder andere ja auch Spaß ...

Schule – wozu?

„Hurra, ich habe mein Abi in der Tasche!"

„Du lernst für dich und nicht für die Schule" – ein wohlbekannter Spruch. Trotzdem ist dir manchmal nicht ganz klar, wofür du den ganzen Schulstoff eigentlich brauchst. Wozu die ganzen Mathe-Formeln, wenn du später sowieso Dekorateurin werden oder Jura studieren willst? Was macht es für einen Sinn, die griechischen Götter auswendig zu wissen? Und wozu Latein? Das spricht doch heute kein Mensch mehr! Wofür also jeden Tag diese „sinnlose" Lernerei?

>> Heute sehe ich meine Schulzeit ganz anders. Klar war die Lernerei stressig und ich wollte oft alles hinschmeißen. Heute bin ich froh, dass ich drangeblieben bin und so studieren kann. <<

Alexa, 20

Schule fürs Leben

Auch wenn du es im Moment vielleicht nicht so siehst, bringt dir die Schule enorm viel für dein späteres Leben. Mit jedem Unterrichtsfach bekommst du einen Einblick in weitere, unterschiedliche Bereiche. Du lernst, Probleme logisch anzugehen und Lösungen zu finden. Bei der Teamarbeit in der Gruppe lernst du, mit Leuten umzugehen, auch wenn sie dir nicht immer besonders liegen. Durch Auswendiglernen schulst du dein Gehirn darin, sich Dinge zu merken und auf Kommando abzurufen.

Man lernt nie aus!

Fähigkeiten, Wissen und Können steigern sich von Schuljahr zu Schuljahr. Am Ende hast du eine breit gefächerte Allgemeinbildung, die dir im Job, aber auch im Privatleben viele Vorteile bringt. Wenn du ins Berufsleben eintrittst, wirst du merken, dass ein immer größeres Grundwissen erwartet wird, denn die heutigen Berufe werden immer anspruchsvoller. Je besser deine Schulausbildung, desto größer ist die Chance, später einen guten Job zu bekommen.

Die lieben Lehrer!

„Mein Mathe-Lehrer nörgelt ständig an mir herum. Immer ruft er mich an die Tafel. Selbst wenn die anderen schwätzen und Dummheiten machen – immer schimpft er mit mir. Er mag mich einfach nicht!"

Kommen dir solche Situationen bekannt vor? Hast du einen Lehrer, von dem du glaubst, dass er dich nicht mag? Vielleicht hörst du ihm schon gar nicht mehr zu – ist doch egal, was „der da vorne" erzählt …

Nicht auf derselben Wellenlänge?

Wenn du im Unterricht nicht aufpasst, kannst du dem Schulstoff nicht folgen. Dass du dir damit selbst schadest und sich dieses Verhalten nachteilig auf deine Leistungen und Noten auswirkt, ist dir sicher klar. Vielen Schülern geht es so und sie geben auf, wenn sie den Eindruck haben, dass sie mit ihren Lehrern nicht auf derselben Wellenlänge liegen. Das Ergebnis: ständiger Ärger, Stress und schlechte Noten.

Lehrer sind auch nur Menschen

Man versteht sich nun einmal nicht mit allen Menschen gleich gut, und so wird es auch immer Lehrer geben, mit denen du nicht besonders gut kannst oder sie nicht mit dir. Nicht alle Menschen, mit denen du im Laufe deines Lebens zu tun hast, kannst du auf Anhieb leiden. Das musst du auch nicht. Das Ziel ist viel eher, miteinander auszukommen. Und dafür kann man aktiv etwas tun – auch bei Lehrern. Übrigens: Lehrer haben es auch nicht immer leicht – denk nur daran, wie oft ihr im Unterricht „Nebengespräche" führt und „Nebentätigkeiten" ausübt. Dass Lehrer da genervt reagieren, kann man doch auch verstehen, oder?

So kommst du mit deinen Lehrern klar

- Versuche das Lehrer-Schüler-Verhältnis ganz sachlich als eine Art „Geschäftsbeziehung" zu sehen. Das Ziel ist es, dass du so viel wie möglich lernst.

- Deine Aufgabe als Schülerin ist es, dass du im Unterricht aufpasst, deine Sachen immer dabeihast, deine Hausaufgaben erledigst, dich entschuldigst, wenn du etwas nicht gemacht oder vergessen hast. Lernen kann nur klappen, wenn sich beide Seiten (Lehrer und Schüler) ihrer Aufgaben bewusst sind und sich entsprechend verhalten.

- Wenn du im Unterricht mitmachst, lernst du effektiver und hilfst damit nicht nur dir, sondern auch deinen Mitschülern und deinem Lehrer, denn du trägst so zum guten Klassenklima bei. Die Zeit musst du sowieso „absitzen" – dann nutze sie doch gleich effektiv und passe auf.

- Ihr bekommt einen neuen Lehrer? Beurteile ihn nicht vorschnell! Lasse ihm und dir Zeit. Ihr müsst euch erst aneinander gewöhnen und euch kennenlernen. Erst dann kann sich ein gutes Verhältnis entwickeln.

- Hat dich dein Lehrer auf dem Kieker? Verhalte dich besonders korrekt, so gibst du ihm keinen Grund zur Kritik.

- Gibt's trotzdem Probleme? Dann hilft es oft, wenn man den Lehrer darauf anspricht. Du kannst auch einen Lehrer, mit dem du gut klarkommst, den Vertrauenslehrer, den Klassensprecher oder den Schülersprecher bitten, bei dem Gespräch dabei zu sein.

Welcher Lerntyp bist du?

Bist du eher der „Minimalist", der nur macht, was unbedingt sein muss, oder bist du ein echtes „fleißiges Lieschen"? Zähle die Buchstaben zusammen und schaue, von welchem du am meisten hast.

1. Die letzte Bio-Stunde vor der Arbeit: Was tust du?

A Ich passe im Unterricht auf und versuche Hinweise auf eventuelle Prüfungsfragen rauszufiltern.

B Ich lehne mich entspannt zurück.

C Ich notiere mir jedes Wort, das der Lehrer sagt, denn es könnte in der Arbeit drankommen.

2. Die Schule ist aus. Wann lernst du für den nächsten Tag?

A Erst mal essen, ausruhen und noch mit einer Freundin telefonieren. Abends oder morgens im Bus ist noch Zeit genug.

B Meine Mutter geht mit mir den Stoff durch und fragt mich ab.

C Sofort nach dem Mittagessen fange ich damit an.

3. Wie prägst du dir am besten Vokabeln ein?

A Kurzzeitgedächtnis ist alles! Vor der Stunde präge ich mir die paar Vokabeln schon ein.

B Ich muss mich wirklich zwingen zu lernen.

C Kein Problem, ich schreibe Karteikarten und spreche die Vokabeln auf Band und höre sie mir immer wieder an.

4. Du weißt, dass der Lehrer den Stoff mündlich abfragt. Was geht in dir vor?

A Ich verhalte mich möglichst unauffällig, da ich den Stoff nicht wirklich kann.

B Ich bin so nervös und hoffe, dass ich nicht auf einmal alles vergessen habe.

C Ich melde mich freiwillig, um Bonuspunkte beim Lehrer zu sammeln.

5. Bis zum nächsten Tag musst du ein langes Gedicht auswendig lernen. Schaffst du das?

A Den ersten Absatz bekomme ich hin, den Rest nur mit Hilfe. Aber für eine 3 reicht es.

B Ich setze mich den ganzen Tag hin, weil ich es abends meiner Mutter aufsagen muss.

C Eine meiner leichtesten Übungen. Schon am Nachmittag kann ich das Gedicht.

Überwiegend A

Der „Kurz-vor-knapp-Lerner": Die Schule und das Lernen siehst du eher als Spiel. Du investierst geschickt das Nötigste und schaffst damit leistungsmäßig trotzdem das verlangte Pensum. Wenn du dich nur ein bisschen mehr dahinterklemmen würdest, wärst du spielend eine Einser-Schülerin.

Überwiegend B

Der „Unter-Zwang-Lerner": Du lernst nur, wenn du wirklich musst. Ohne Druck lässt du vieles schleifen. Mach dir klar: Du lernst für dich, nicht für andere.

Lernen funktioniert auch ohne Zwang. Mit etwas mehr Eigeninitiative schaffst du das auch. Und du wirst sehen: Lernen kann richtig Spaß machen.

Überwiegend C

Der „Fleiß-Lerner": Dein Ehrgeiz treibt dich voran. Mach dich ein bisschen lockerer! Mit deinen Vorbereitungen bist du den anderen sowieso schon einen Schritt voraus. Bleib weiter am Ball, aber gönn dir auch mal eine Auszeit, damit deine anderen Interessen nicht zu kurz kommen.

Lernen kannst du lernen

Manchen Schülern „fliegt" scheinbar alles zu, andere lernen, bis der Kopf raucht – und schreiben trotzdem selten gute Noten. Kein Wunder, dass dann Frust aufkommt und man die Freude am Lernen verliert. Die Motivation ist auf dem Nullpunkt, aber nach der Ursache wird selten geforscht. Richtig zu lernen bedeutet auch effektiv zu lernen, sich auf das Wesentliche zu konzentrieren und entspannt zu bleiben. Wenn du das beherrschst, musst du gar nicht so viele Stunden pauken.

Tipp

Die 10 besten Lerntipps

1. Fange rechtzeitig mit dem Lernen an, damit du nicht unter Zeitdruck gerätst.
2. Schaffe auf deinem Schreibtisch Ordnung. Lege nur die Dinge griffbereit, die du zum Üben tatsächlich brauchst.
3. Versuche deinen Kopf freizubekommen. Hast du Probleme, dann versuche sie zu lösen, bevor du zu lernen beginnst.
4. Powere nicht stundenlang durch, sondern mache Lernpausen. Die brauchst du, um dich danach wieder besser konzentrieren zu können.
5. Auf leeren Magen lernt es sich schlecht. Lernen kostet Energie und Kraft, also nimm dir Zeit für ein richtiges Frühstück.
6. Schalte alle Quellen aus, die dich ablenken (Fernseher, Musik), und konzentriere dich nur auf deinen Lehrstoff.
7. Übe und lerne kontinuierlich, ohne tagelange Unterbrechungen.
8. Übe Schritt für Schritt und fange mit dem an, was dir am leichtesten fällt.
9. Lerne in der Gruppe. Das macht nicht nur Spaß, sondern ist auch eine gute Kontrolle, um deinen Lernerfolg festzustellen.
10. Wiederhole auch das, was du schon kannst.

Mobbing – gemein und hinterhältig

„Schikanieren", „zicken", „dissen" – es gibt viele Bezeichnungen für den Mobbing-Stress, der in den meisten Schulen leider an der Tagesordnung ist. Mobbing kommt vom englischen Wort „to mob", das so viel wie „anpöbeln" heißt. Mobbing bedeutet, dass jemand über einen längeren Zeitraum ganz gezielt schlecht behandelt wird. Die Methoden reichen von dummem Gerede und Schimpfwörtern über Nicht-Beachten oder Aufhetzen bis zu Bedrohung und körperlicher Gewalt. Dabei wollen eine oder mehrere Personen ihre Macht ausnutzen, um andere gezielt fertigzumachen.

In der Pause lästern die anderen so laut über mich, dass ich es hören muss.

Natalie, 13

Mobbing-Opfer sind nicht selbst schuld!

Mobbing kann jeden treffen! Es genügt oft schon, wenn du ein bisschen anders bist als die anderen: vielleicht andere Klamotten trägst, die Kleinste bist, einen Dialekt sprichst …

Was kannst du tun?

- Beobachte die Situation: Wer mobbt dich und wer sieht zu? Sprich die an, die sich im Hintergrund halten, und bitte sie um Hilfe. Das können Leute aus deiner oder aus anderen Klassen sein.
- In vielen Schulen gibt es Schüler, die Streitereien schlichten. Bitte sie um Hilfe.
- Wende dich an einen Lehrer oder gemeinsam mit deinen Eltern an den Direktor. Das solltest du sofort tun, wenn du geschlagen oder bedroht wirst. Habe keine Angst als „Petze" dazustehen – es ist reiner Selbstschutz.

Der Klassensprecher

Welche Aufgaben hat ein Klassensprecher?

- Bei Problemen zwischen Schülern und dem Lehrer oder Schülern untereinander kann er vermitteln und bei der Lösung von Konflikten helfen.

- Wenn es die Situation erfordert, muss er auch Ordnungsmaßnahmen übernehmen.

- Der Klassensprecher übermittelt dem Klassenlehrer die Vorschläge, Wünsche, Sorgen und Meinungen der Klasse.

- Er vertritt die Klasse vor Schulgremien (z. B. Lehrerkonferenz) und gegenüber Dritten, wie der Schulleitung, Lehrern und anderen Klassen.

- Bei Versammlungen der SV (Schülervertretung) bzw. SMV (Schülermitverantwortung) ist er anwesend und setzt sich für deren Arbeit ein.

- Er sollte dafür sorgen, dass in der Klasse ein gutes Klima und Zusammenhalt herrschen. Das bedeutet, auch Außenseiter in die Klassengemeinschaft zu integrieren.

Schau nicht weg!

Wenn du siehst, dass andere ständig angepöbelt werden, dann sei mutig und biete deine Hilfe an oder informiere einen Lehrer. Gib denen, die mobben, keine Macht. Unterstütze sie nicht dabei, indem du tatenlos zusiehst oder sie bewunderst. Jemanden fertigzumachen ist nicht nur mies, sondern einfach charakterlos!

Eine gute Klassengemeinschaft

Wie du mit anderen Menschen auskommst, hängt stark davon ab, wie du auf andere zugehst. Wenn du einfühlsam, rücksichtsvoll und freundlich bist, entsteht eine gute Stimmung. Je mehr Leute sich so verhalten, desto entspannter ist die Atmosphäre. Auch für eine gute Klassengemeinschaft, in der Mobbing keine Chancen hat, sind solche Umgangsformen wichtig.

Schule vorbei – was kommt nun?

Der Countdown läuft, das letzte Schuljahr hat begonnen. Wahrscheinlich hast du dir längst schon die Frage gestellt, was du danach machen möchtest. Doch das ist oft gar nicht so einfach zu beantworten.

Wo liegen deine Stärken?

Wer seine Potenziale und Interessen kennt, findet leichter den passenden Beruf oder Studiengang. Wo liegen deine Stärken?

- Bist du kontaktfreudig, ausdauernd und flexibel?
- Bist du gern für andere Menschen da?
- Hast du eine sprachliche Begabung, eine gute Konzentration und Merkfähigkeit?
- Liebst du sportliche Aktivitäten?
- Hast du musikalische Fähigkeiten?
- Bist du künstlerisch begabt?
- Hast du Stärken im technischen Bereich (Naturwissenschaften, gute Kenntnisse im Multimedia-Bereich wie Internet, PC, technisches Verständnis)?

» Mit meinem Traumjob hat es geklappt! Ich mache eine Ausbildung zur Reisekauffrau. «
Susanne, 17

Beantworte diese Fragen allein oder im Team mit deinen Freundinnen. Eine gute Idee ist, wenn ihr bei einem Treffen die Stärken und positiven Eigenschaften jeder Teilnehmerin auf Zettel schreibt, sie euch gegenseitig gebt und dann offen darüber sprecht. Dadurch kannst du dein eigenes Selbstbild und das Fremdbild vergleichen und so deine Stärken, Begabungen und Fertigkeiten neu überdenken.

Berufe mit Zukunft

Die Wirtschaft wächst und wandelt sich ständig. Die technischen Weiterentwicklungen wirken sich auch auf den Arbeitsmarkt aus. Immer wieder entstehen neue Berufsbilder. „Trend-Berufe" entstehen in den meisten Branchen. Aber was liegt denn überhaupt im Trend und welcher Beruf hat Zukunft? Zwei spannende Berufe, die du kennen solltest:

Energieberater: Sie planen den Energieeinsatz in Firmen und Privathaushalten mit dem Ziel der Energieeinsparung. In erster Linie arbeiten sie in Energieversorgungsunternehmen oder bei der Geräteindustrie. Sie informieren die Kunden über mögliche Energieeinsparung oder den Einsatz umweltfreundlicher Energieträger.

Berufliche Voraussetzungen: Technisches und wirtschaftliches Verständnis, kommunikative Fähigkeiten. Eine geregelte Ausbildung gibt es nicht. Viele Energieberater haben einen technischen oder naturwissenschaftlichen Hochschulabschluss, ein Diplom im Fach Ökotrophologie (Haushalts- und Ernährungswissenschaft) oder eine abgeschlossene Berufsausbildung im Bereich Elektrotechnik.

Merchandiser: Sie arbeiten im Einzelhandel und werden z. B. als Shop-Betreuer eingesetzt. Merchandiser kümmern sich um eine ansprechende Präsentation der Produkte, die in den Läden angeboten werden und entwickeln auch die entsprechende Verkaufsstrategie.

Berufliche Voraussetzungen: Fantasie und Kreativität. Für diesen Job eignen sich Absolventen eines wirtschaftlichen Studiengangs mit Schwerpunkt Marketing, Auszubildende zum Schauwerbegestalter oder zum Werbefachwirt.

> »Ich möchte mich vor der Berufswahl erstmal informieren, in welchen Bereichen man gute Chancen hat. Dazu gehe ich nächste Woche in ein Berufsinformationszentrum. «
>
> *Felicitas, 15*

Sport
und Spaß

„Sport ist Mord" sagen die einen. „Wer rastet, der rostet" die anderen. Dabei ist bewiesen, dass Sport nicht nur gesund ist und attraktiv macht, sondern auch das Selbstbewusstsein steigert und die Laune verbessert. Ausdauernde Bewegung oder größere Anstrengung setzt in deinem Körper sogenannte „Glückshormone" frei. Deshalb fühlst du dich gut, selbst wenn du richtig ausgepowert bist.

Sport macht glücklich

Sportliche Bewegung wirkt ausgleichend und baut Schulstress ab. Du wirst es vielleicht nicht glauben, aber wer sich wenig bewegt, ist schlechter gelaunt! Je länger du keinen Sport gemacht hast, desto größer wird die Hemmschwelle, irgendetwas in diese Richtung zu tun. Drum raff dich auf, denn „Bewegungsmuffel" sind out! Mit den richtigen Trainingstipps kann nichts mehr schiefgehen.

Richtig trainieren

Auf die Plätze – fertig – los? Stopp! Regelmäßige Bewegung hält dich zwar fit, aber du solltest beim Sport gewisse Dinge nicht vergessen. Sportverletzungen sind schnell passiert, wenn du den Körper im „Kaltstart" auf Hochtouren bringst.

Warm-up und Cool-down ...

… heißen die Zauberwörter. Aufwärmen ist deshalb wichtig, weil die Muskulatur erst ab einer Körpertemperatur von 38,5 Grad ausreichend durchblutet und mit Sauerstoff versorgt werden kann. Fang mit lockerem Laufen, Aufwärm- und Dehnübungen an. Cool-down heißt: auslaufen, dehnen und lockern. Damit kommen die Atmung, die Körpertemperatur und der Blutdruck wieder in den Normalzustand.

Dein Fitness-Level

Hast du lange keinen Sport mehr gemacht, darfst du die Belastung nur langsam steigern, Schritt für Schritt. Der Körper braucht ein ausgleichendes Training, damit sich die Muskeln nicht unterschiedlich stark ausprägen und so Probleme machen. Das heißt: keine einseitigen Belastungen.

Schutz ist Pflicht!

- Bestimmte Sportarten, wie Skaten oder Biken, sind ohne Schutzkleidung gefährlich. Knieschoner, Ellbogenschutz und Helm sind Pflicht.
- Spezielle Hallen- oder Laufschuhe beugen Sprunggelenksverletzungen vor.
- Schmuck aller Art kann gefährlich werden: Du kannst daran hängen bleiben. Nimm ihn vor dem Sport ab.

Tipp

Essen und Trinken

Vor dem Sport solltest du bis zu 0,5 l Wasser trinken und zwei Stunden davor nichts Schweres essen. Trinke auch während des Trainings regelmäßig. Nach dem Sport liefern kohlenhydrat- und eiweißreiche Kost wieder Energie (Milchreis, Müsliriegel, Quark oder Joghurt).

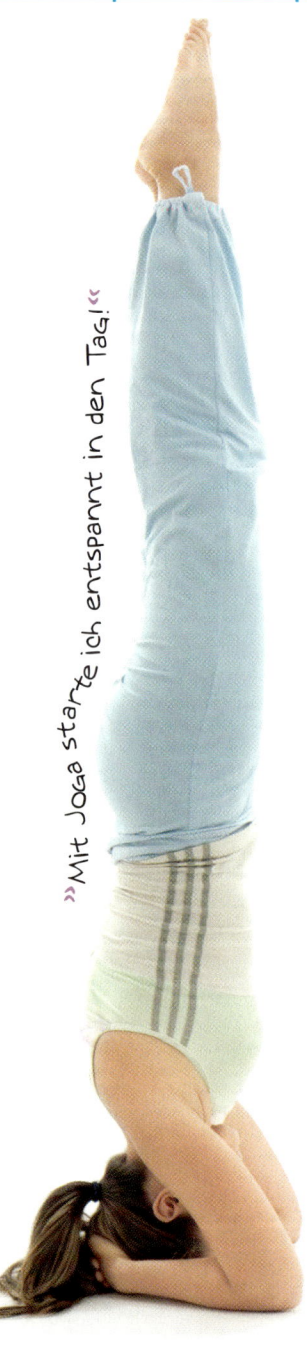

»Mit Joga starte ich entspannt in den Tag!«

Home-Fitness

Sportlich aktiv werden kannst du jederzeit zu Hause. Du musst weder ins Fitnessstudio noch in den Park oder in einen Verein gehen. Also, Ausreden gibt es nicht mehr …

1. Balance-Akt

Diese Übung beansprucht die „BBP-Zone" (Bauch, Beine, Po). Dazu verwandelst du einen Teppichläufer in ein echtes Fitnessgerät: Roll ihn längs zusammen – Kopf, Rücken und Po liegen flach auf der Rolle, die Beine hast du angewinkelt, die Fußsohlen stehen flach auf dem Boden. Arme über der Brust kreuzen und ein Bein ca. 4 Zentimeter (nicht höher!) vom Boden heben. Kurz anheben, absetzen, ausbalancieren. Beinwechsel. Pro Seite fünfmal.

2. Bein-Trainer

Vor dem Frühstück stellst du dich hinter einen Stuhl mit Rückenlehne und hältst dich an der Lehne fest. Das rechte Standbein ist leicht gebeugt. Das linke so nach hinten ausstrecken, dass nur die Fußspitze den Boden berührt. Dieses Bein jetzt langsam nach oben anwinkeln, bis es im Oberschenkel deutlich spannt. Das Bein absenken und die Seite wechseln. Jede Seite zwölfmal.

3. Po-Power

Öffne deine Zimmertür und halte dich an der inneren und äußeren Klinke fest. Die Türkante ist zwischen den Beinen. Dein Körper ist gerade nach hinten gelehnt, die Arme durchgestreckt. Senke den Po langsam, als wolltest du dich auf einen Stuhl setzen. Dann richte dich langsam wieder auf. 20-mal wiederholen.

4. Busen-Straffer

Nimm in jede Hand eine Plastikflasche (0,5 bis 1 Liter)
mit Wasser. Stell dich aufrecht hin und mache
einen großen Ausfallschritt nach vorn.
Die Arme anwinkeln, sodass die Hände in
Brusthöhe sind. Spanne deinen Bauch an,
schiebe beide Arme gleichzeitig nach vorn
und wieder zurück. 20- bis 30-mal wiederholen.

5. Muskel-Spiel

Drücke dich mit dem Rücken fest an eine Wand. Mache
mit beiden Beinen einen Schritt nach vorn und gehe in
die Knie, sodass Ober- und Unterschenkel einen rechten
Winkel bilden. Po- und Beinmuskeln fest anspannen,
30 Sekunden halten, entspannen. Dann von vorn und das
Ganze 15-mal wiederholen.

Tipp

Action im Verein

Sport in der Gemeinschaft macht oft besonderen Spaß.

In einem Sportverein oder Klub triffst du auf Gleichgesinnte. Man hat nicht

nur Spaß zusammen, sondern motiviert sich gegenseitig und läuft so oft zu sportlicher

Höchstleistung auf. Der Ehrgeiz wird geweckt, denn du hast die Vergleichsmöglichkeit deinen

Sportkameraden gegenüber und im Wettkampf mit anderen Vereinen. Gemeinsame Veranstaltungen

und Unternehmungen schweißen dich und die anderen Vereinsmitglieder stark zusammen. Sport-

liche Erfolge und Niederlagen – beides verbindet!

Schön beim Sport

Wenn du beim Sport auf die richtigen Beauty-Produkte achtest, musst du nicht auf Make-up verzichten. Aber: Weniger ist mehr! Viel Schminke ist beim Sport total fehl am Platz. Doch mit einem dezenten, frischen Make-up, das deinen Typ zart unterstreicht, siehst du selbst nach den anstrengendsten Sportübungen noch toll aus.

»Sport hält mich fit und macht den Kopf frei!«

Sportliches Make-up

Alles, was schmilzt oder leicht verläuft, ist ungeeignet. Flüssig-Make-up oder stark deckender Puder macht sich beim Schwitzen selbstständig. Sensible Haut verträgt gar kein Make-up: In Verbindung mit Schweiß reagiert sie oft allergisch und kann sich entzünden. Eine Creme mit leichtem Selbstbräuner ist eine gute Alternative.

Augen auf!

Wenn du ins Schwitzen kommst, muss auch dein Augen-Make-up einiges aushalten. Mascara, Lidschatten und Eyeliner müssen deshalb unbedingt wasserfest sein. Am besten wählst du beige oder helle Brauntöne, die auch auf einem geröteten, erhitzten Gesicht gut aussehen.

Lippen-Schutz

Die Lippen trocknen beim Sport schnell aus. Spezielle Pflegestifte machen die Lippenhaut besonders geschmeidig und versorgen deine Lippen mit der Feuchtigkeit, die sie brauchen. Es gibt sie transparent und farbig. Frisch wirkt ein zartes Rosé oder schimmernder Perlmuttglanz.

Frisuren-Tipps:

- Kurze Haare kannst du mit einem Haarreif, Tuch und/oder Klemmen bändigen.
- Mittellange bis lange Haare zähmst du am besten mit einem sportlichen Pferdeschwanz.
- Spezielle Haarfestiger, die gegen Wasser resistent sind, versprechen Frisuren-Halt auch bei Bewegung.

Trink dich fit

Leckere Power-Drinks füllen nach dem Sport deine leeren Tanks, versorgen dich mit einer Extraportion Vitamine und Mineralstoffe und haben sogar noch eine entschlackende Wirkung.

Karotten-Zitrus-Mix

400 g Karotten
Saft einer halben Zitrone
2 EL Sanddorn-Orangen-Nektar
1 Prise gemahlener Zimt
1 TL Weizenkeimöl

Karotten schälen und mit einem Entsafter entsaften. Mit Zitronensaft, Nektar, Zimt und Öl verrühren. Am besten sofort trinken.

Kefir-Erdbeer-Shake

175 g Erdbeeren
200 ml gut gekühlter Kefir
1 EL Honig
2 EL Sanddorn-Orangen-Nektar

Erdbeeren klein schneiden, pürieren oder in einen Mixer geben. Mit Kefir, Honig und Nektar verrühren.

Welcher Sporttyp bist du?

Ist das Fitnessstudio dein zweites Zuhause? Machst du gern Sport in der Gruppe oder schwitzt du lieber allein?
Streiche bei jeder Frage die Antwort an, die bei dir am ehesten zutrifft, und zähle, welchen Buchstaben du am meisten angekreuzt hast.

1. Was ist cool an Sport?

A Abschalten, die Gedanken schweifen lassen und neue Energie tanken.

B Spaß haben und neue Leute kennenlernen.

C Fit bleiben und dem Körper etwas Gutes tun.

2. Wie ehrgeizig bist du?

A Ich will meinen Körper in Form bringen und erreiche meine Ziele allein.

B Ich passe mich dem Level der anderen an, denn ich will nicht als Verliererin dastehen.

C Es ist mir wichtig, mein Pensum zu schaffen. Ich bin froh, wenn ich mich an einen vorgegebenen Fitnessplan halten kann.

3. Wie sieht dein Outfit aus?

A Ich habe viele Shirts und Hosen und wähle spontan aus.

B Hippe Sportklamotten sind für mich ein Muss. Wenn ich Sport mache, möchte ich gut aussehen.

C Funktionalität und Optik sind mir gleich wichtig. Ich stehe auf spezielle Markenschuhe und Sport-Outfits.

4. Wo fühlst du dich beim Sport am wohlsten?

A Ob im Wald oder im Wohnzimmer – der Ort ist mir egal.

B Ich bin gern unter Menschen, liebe die Abwechslung und Musik.

C Richtig auspowern kann ich mich nur mit professionellen Sportgeräten und einer fachkundigen Traineranleitung.

5. Müsli oder doch Hamburger?
Was isst du nach dem Training?

A Weder noch. Ich esse nach Lust und Laune, aber doch gesund.

Nach dem Sport wird nur noch gequatscht und das oft bei Hamburger und Pommes.

C Wenig und kalorienbewusst – sonst war der Sport ja umsonst.

Überwiegend A
Die Alleinkämpferin: Abschalten, weg vom Schulstress und in eine andere Welt abtauchen. Das ist deine Vorstellung vom Sport. Du bist zielstrebig und ziehst dein Sportprogramm eisern durch. Du willst das erreichen, was du dir vorgenommen hast, denn schließlich trainierst du für dich und nicht für andere.

Überwiegend B
Die Gruppendynamische: Dein Code-Wort heißt „Teamgeist"! Du bist gern mit anderen unterwegs, schätzt den Zusammenhalt und Spaß in einer Sportmannschaft. Der Austausch mit anderen ist dir wichtig. Siege und Niederlagen lassen sich im Team besser feiern oder wegstecken und dein Sportsgeist kommt erst im Wettkampf so richtig in Fahrt.

Überwiegend C
Die Fitnessqueen: Deine Fitness geht dir über alles. Deshalb brauchst du den Sport wie andere die Luft zum Atmen. Dabei legst du aber immer Wert auf kompetente Betreuung und Beratung. Deine Kalorien arbeitest du unermüdlich am Laufband oder einem ähnlichen Fitnessgerät ab, denn du willst in jeder Lage eine gute Figur machen.

Adressen

Adressen in Deutschland

Beratung und Hilfe

neuhland e.V.
Nikolsburger Platz 6
10717 Berlin
Tel. 030/873 01 11
www.neuhland.net

Deutscher Kinderschutz-
bund Bundesverband e.V.
Hinüberstr. 8
30175 Hannover
Tel. 05 11/30 48 50
www.dksb.de

Nummer gegen
Kummer e.V.
Tel. 08 00/111 03 33
(kostenlos)
www.
nummergegenkummer. de

Drogen- und Suchtberatung

Bundesweite Sucht- und
Drogenhotline:
Tel. 018 05/31 30 31
(12 Cent/Minute)

DHS – Deutsche Hauptstelle
für Suchtfragen e.V.
Westring 2
59065 Hamm
Tel. 023 81/901 50
www.dhs.de

Keine Macht
den Drogen e.V.
Höchlstr. 4
81675 München
Tel. 089/291 93 35
www.kmdd.de

Sexualberatung

Bundeszentrale für gesund-
heitliche Aufklärung (BzgA)
Ostmerheimer Str. 220
51109 Köln
Tel. 02 21/899 20
www.loveline.de

Pro Familia – Deutsche
Gesellschaft für Familien-
planung, Sexualpädagogik
und Sexualberatung e. V.
Stresemannallee 3
60596 Frankturt
Tel. 069/63 90 02
www.profamilia.de

Pille danach Infotelefon
018 05/77 63 26
(automatische Ansage,
14 Cent/Minute)

Schwangerschaft

Deutscher
Caritasverband e. V.
Reinhardtstr.13
10117 Berlin
Tel. 030/28 44 47 42
www.caritas.de

Pro Familia – Deutsche
Gesellschaft für Familien-
planung, Sexualpädagogik
und Sexualberatung e. V.
Stresemannallee 3
60596 Frankfurt
Tel. 069/63 90 02
www.profamilia.de
(mit den Adressen der
Landesverbände und
Beratungsstellen im ganzen
Bundesgebiet)

Sexueller Missbrauch

Wildwasser e.V.
Wriezener Str. 10–11
13359 Berlin
Tel. 030/786 50 17
www.wildwasser.de
(mit den bundesweiten
Adressen der
Beratungsstellen)

Zartbitter Köln e.V.
Sachsenring 2–4
50677 Köln
Tel. 02 21/31 20 55
www.zartbitter.de

Homosexualität

Lambda e. V.
(Schwul-lesbischer
Jugendverband)
Windthorststr. 13 a
99096 Erfurt
Tel. 03 61/644 87 54
www.lambda-online.de

Aids

Deutsche AIDS-Hilfe e. V.
Bundesgeschäftsstelle
Dieffenbachstr. 33
10967 Berlin
Tel. 030/690 08 70
www.aidshilfe.de
(mit vielen weiteren
Links und Adressen
von Beratungsstellen)

Telefonberatung
der Aidshilfe
Tel. 194 11 (zum Ortstarif)

Gesundheit, Ernährung, Fitness

Bundeszentrale für gesund-
heitliche Aufklärung (BzgA)
Ostmerheimer Str. 220
51109 Köln
Tel. 02 21/899 20
www.bzga.de

Deutsche Sportjugend im
Deutschen Olympischen
Sportbund e.V. (DOSB)
Otto-Fleck-Schneise 12
60528 Frankfurt am Main
Tel. 069/670 03 38
www.dsj.de

ANAD e. V.
Beratungsstelle und thera-
peutische Wohngruppen
für Essstörungen
Poccistr. 5
80336 München
Tel. 089/219 97 30
www.anad.de

www.magersucht-online.de

Schule, Beruf und Zukunft

Bundesministerium für
Bildung und Forschung
(BMBF)
Hannoversche Str. 28–30
10115 Berlin
Tel. 030/185 70
www.bmbf.de

www.schulweb.de
www.berufswahl.de
www.girls-day.de

Adressen in Österreich

Beratung und Hilfe

Notruf: 08 00/56 75 67
(österreichweit rund um
die Uhr kostenlos)

Rat auf Draht: Tel. 147
(anonym und kostenlos)

Jugendinformationsstelle
im Bundesministerium
für Gesundheit, Familie
und Jugend
Franz-Josefs-Kai 51
1020 Wien
Tel. 01/533 70 30
www.jugendinfo.at
Kostenlose Nummer:
08 00/24 02 66

Drogen- und Suchtberatung

Verein Dialog
Hegelgasse 8/3/11
1010 Wien
Tel. 01/512 01 81
www.dialog-on.at

Pro Mente Oberösterreich
Lonstorferplatz 1
4020 Linz
Tel. 07 32/69 96
www.pmooe.at

Sexualberatung

Beratungsstelle Courage
Windmühlgasse 15/1/7
1060 Wien
Tel. 585 69 66
www.courage-beratung.at

Schwangerschaft
**Diözesaner Hilfsfond
für Schwangere
in Notsituationen**
Türkenstr. 3
1090 Wien
Tel. 01 / 545 52 22
www.hilfsfonds.or.at

Sexueller Missbrauch
**Notruf und Beratung
für vergewaltigte Frauen
und Mädchen**
Tel. 523 22 22
www.frauenberatung.at

Homosexualität
**Homosexuelle
Initiative Österreichs**
Novaragasse 40
1020 Wien
Tel. 01 / 216 66 04
www.hosi.at

Aids
Aidshilfe Wien
Mariahilfer Gürtel 4
1060 Wien
Tel. 01 / 599 37
www.aids.at

www.aidshilfen.at
(Adressen von Aidshilfe-
vereinen)

Gesundheit, Ernährung und Fitness
Fonds Gesundes Österreich
Mariahilfer Str. 176 / 5
1150 Wien
Tel. 01 / 895 04 00 10
www.fgoe.org
Ernährungshotline:
08 10 / 81 02 27 (Ortstarif)

**Essstörungshotline der
Wiener Initiative gegen
Essstörungen**
Tel. 08 00 / 20 11 20

Adressen in der Schweiz

Beratung und Hilfe
Die Dargebotene Hand
Tel. 143, www.143.ch

Pro juventute
Seehofstr. 15
8032 Zürich
Tel. 044 / 256 77 77
www.projuventute.ch
Telefonhilfe: 147 (rund um
die Uhr kostenlos)

www.tschau.ch
www.feelok.ch

Drogen- und Suchtberatung
**Schweizerische Fachstelle
für Alkohol- und andere
Drogenprobleme (SFA)**
Avenue Louis-Ruchonnet 14
1001 Lausanne
Tel. 021 / 321 29 11
www.sfa-ispa.ch

Sexualberatung
Pro Familia Schweiz
Marktgasse 36
3011 Bern
Tel. 031 / 381 90 30
www.profamilia.ch

**Sozialdepartement
der Stadt Zürich**
Fachstelle für
Sozialpädagogik
Langstr. 21
8004 Zürich
Tel. 044 / 299 30 44
www.lustundfrust.ch

www.lilli.ch

Schwangerschaft
**Sexual- und
Schwangerschaftsberatung**
der Frauenzentrale Zug
Tiroler Weg 8
6300 Zug
Tel. 041 / 725 26 40
www.frauenzentralezug.ch

www.svss-uspda.ch/de/
ungewollt.htm
(Adressen von Beratungs-
stellen bei ungewollter
Schwangerschaft)

Sexueller Missbrauch
**Nottelefon und Beratung
für Frauen – Gegen sexuelle
Gewalt**
Tel. 044 / 291 46 46
www.frauenberatung.ch

Homosexualität
**Homosexuelle
Arbeitsgruppe Zürich (HAZ)**
Sihlquai 67
8005 Zürich
Tel. 044 / 271 22 50
www.haz.ch

Schwulenberatung der HAZ
08 48 / 80 50 80
Lesbenberatung Zürich:
044 / 271 70 11

Aids
Aids-Hilfe Schweiz
Konradstr. 20
8005 Zürich
Tel. 044 / 447 11 11
www.aids.ch

Gesundheit, Ernährung und Fitness
**Arbeitsgemeinschaft
Ess-Störungen AES**
Feldeggstr. 69
8008 Zürich
Tel. 043 / 488 63 73
www.aes.ch

Schule, Beruf und Zukunft
www.16plus.ch
www.berufsbildung.ch
www.berufsbildung.ch

Register

Bildquellennachweis
o = oben, u = unten

stockxpert: 6, 8, 14 u, 16, 32, 40, 43, 49, 76, 102, 108, 109, 122, 124, 145, 151, 156, 158, 161, 163 o, 164, 174 u, 182
ImagePoint AG, Zürich: 33
Digitalstock: 36
Ernst Fesseler: 111, 112, 113, 116, 187
F1 Online: 73, 143
fotobüro Veit Mette: 138
gettyimages: 173
ANAD e.V.: 58, 59
iStockphoto: alle übrigen Fotos

Bibliografische Information der Deutschen Nationalbibliothek
Die Deutsche Nationalbibliothek verzeichnet diese Publikation in der
Deutschen Nationalbibliografie; detaillierte bibliografische Angaben
sind im Internet über **http://dnb.d-nb.de** abrufbar.

4   3   2   1   11   10   09   08

© 2008 Ravensburger Buchverlag Otto Maier GmbH
Postfach 1860 D-88188 Ravensburg
Alle Rechte, auch die des auszugsweisen Nachdrucks, vorbehalten
Text: Antonie Marquardt
Illustrationen: Beate Fahrnländer und Birgit Rieger
Umschlagfotos: iStockphoto, PIXELIO, stockxpert
Layout und Satz: Sabine Dohme, Planegg bei München
Redaktion: Jeanette Stark-Städele
Printed in Germany
ISBN 978-3-473-55142-2

www.ravensburger.de